「구미의 역사문화인물」 시리즈는 〈사단법인 여헌학연구회〉가 구미시의 지원을 받아 출간하는 총서입니다.

구미의 역사문화인물 2
점필재 김종직, 젊은 제자들이 가슴에 품은 시대의 스승

기획 ‖ 사단법인 여헌학연구회
지은이 ‖ 정출헌
펴낸이 ‖ 오정혜
펴낸곳 ‖ 예문서원

편집 ‖ 유미희
디자인 ‖ 김세연
인쇄 및 제본 ‖ 주) 상지사 P&B

초판 1쇄 ‖ 2015년 12월 22일

주소 ‖ 서울시 성북구 안암로 9길 13
출판등록 ‖ 1993년 1월 7일 (제307-2010-51호)
전화 ‖ 02-925-5913~4 / 팩스 ‖ 02-929-2285
Homepage ‖ http://www.yemoon.com
E-mail ‖ yemoonsw@empas.com

ISBN 978-89-7646-343-2 03900

YEMOONSEOWON 13, Anam-ro 9-gil, Seongbuk-Gu Seoul KOREA 136-074
Tel) 02-925-5913~4, Fax) 02-929-2285

값 16,000원

구미의 역사문화인물 [2]

점필재 김종직, 젊은 제자들이 가슴에 품은 시대의 스승

구미의 역사문화인물 2

점필재 김종직, 젊은 제자들이 가슴에 품은 시대의 스승

정출헌 지음

예문서원

간행사

'구미의 新문화르네상스'의 밑거름이 되길 기대하며

경상북도 서남부에 위치한 구미시龜尾市는 일반 시민들에게 한국 근대화의 중심 도시이자 첨단 IT산업도시로 알려져 있습니다. 하지만 근대화 이전인 전통 시대의 구미시는 신라 불교의 초전지로서 한국 불교문화佛教文化의 융성을 이끈 중심지였을 뿐만 아니라 고려와 조선시대를 거치면서 한국 유학의 중심으로서 수많은 유현儒賢들을 배출한 유서 깊은 영남 문화의 중심지였습니다. 그래서 『택리지擇里志』의 저자 이중환李重煥은 "전해 오는 말에 '조선 인재의 반은 영남에 있고, 영남 인재의 반은 일선一善, 즉 구미에 있다' 고 한다"며 구미지역이 영남을 넘어 우리나라 인재의 부고府庫이자 정신문화精神文化의 산실임을 확인하였습니다.

전통은 오래된 미래라고 합니다. 과거 우리 선조들이 이룩한 문화 전통은 오늘의 우리를 만든 밑거름이자 새로운 미래를 기약하는 비전입니다. 따라서 21세기 세계 속의 명품도시로 거듭나기 위해 구미시가 추진하고 있는 '위대한 구미, 찬란한 구미' 를 열어가기 위한 도전은 그 어떤 것에 앞서 우리 지역의 역사문화 전통에 기반하여야 할 것입니다. 이러한 측면에서 올해 처음 발간을 시작하는「구미의 역사문화인물」시리즈는 구미시의 역사문화 전통을 재삼 확인하고, 나아가 미래첨단도시이자 역사문화도시로서 구미의 위상을 확립하는 하나의 계기가 될 것이라 생각합니다.

특히 구미지역의 찬란한 문화전통을 수립한 수많은 선조들의 삶과 업적을 현대적 시각에서 재조명하는 이 시리즈는 역사문화도시로서 구미시의 위상을 확립하는 밑거름이 될 것입니다. 그리고 영남을 넘어 우리나라 전체에서 손꼽히는 역사문화도시임에도 불구하고 그동안 산업화의 도시로만 알려져 우리 지역의 역사성이 퇴색되었던 것을 오늘에 되살리고, 새로운 구미시의 미래를 개척하는 소중한 자산으로 이 시리즈가 기여할 것이라 믿어 의심치 않습니다.

이번에 첫 결실을 맺고 출발을 알리는「구미의 역사문화인물」시리즈는 본궤도에 오른 지방자치시대를 맞아 42만 구미 시민에게 지역에 대한 자부심과 자긍심을 높이고, 나아가 구미시민으로서의 정체성을 확립하는 하나의 계기가 되어야 할 것입니다. 특히 자라나는 구미지역의 청소년에게 지역의 소중한 문화전통을 올바로 가르치고, 문화적 유산은 물론 윤리적 전통을 계승하게 하여 참다운 지역 시민으로 성장하는 밑거름이 되어야 할 것입니다.

「구미의 역사문화인물」 시리즈는 지난 2003년, 한국 유학의 중심 맥락에 위치하는 '여헌학' 의 진흥과 '여헌학' 을 포함한 한국학의 지속적인 성장을 도모하기 위해 출범한 〈사단법인 여헌학연구회〉가 기획하여 시작하였습니다. 일찍부터 지역의 문화적 전통에 관심을 기울여 온 〈사단법인 여헌학연구회〉는 여헌 선생의 학문적 업적에 대한 현양에만 한정하지 않고, 구미지역의 여러 유현 및 선조들의 업적을 발굴하여 선양하는데 관심을 가지고 있습니다.

〈사단법인 여헌학연구회〉는 이러한 관심을 처음으로 현실화하는 이번 시리즈의 첫 결실인 야은冶隱 길재吉再 선생과 점필재佔畢齋 김종직金宗直 선생에 대한 평전 형식의 단행본을 통해 선산善山과 인동仁同을 포함하는 구미지역에서 배출한 의미 있는 인물의 행적과 업적이 객관적이면서도 의미 있게 드러나길 기대하고 있습니다. 그리고 이 시리즈를 통해 과거 찬란했던 구미시의 역사문화가 더욱 빛을 발하고, 온전한 평가를 받을 수 있길 희망하고 있습니다. 그리하여 과거와 현재, 그리고 미래가 공존하는 지방자치의 전형으로서 구미시의 위상이 제대로 갖추어지길 기대하고 있습니다.

이러한 기대와 바람을 현실화시키기 위한 우리의 노력이 결실을 맺게 된 데에는 경상북도 구미시의 아낌없는 지원이 큰 힘이 되었습니다. 구미지역의 전통문화자원의 개발에 관심이 많은 남유진 구미시장님의 아낌없는 관심과 지원, 그리고 구미시의 행・재정적 지원이 어우러져 이번 시리즈가 첫 결실을 맺게 된 것입니다. 지면을 빌려 남유진 시장님과 구미시 관계자 여러분께 감사의 인사를 전합니다. 아울러 「구미의 역사문화인물」 시리즈를 기획하고 편찬을 주도하고 있는 〈사단법인 여헌학연구회〉 임원진과 직접 집필을 맡아 수고를 아끼지 않으신 교수님께도 회원들의 정성을 담아 감사를 드립니다.

이 시리즈를 비롯하여 〈사단법인 여헌학연구회〉에서 추진하는 오늘의 작은 노력이 향후 위대한 성취로 이어지길 기원합니다. 그리고 이 시리즈를 비롯하여 〈사단법인 여헌학연구회〉의 사업들이 '구미의 문화르네상스' 를 열어 가는 밑거름이 되길 기대합니다. 감사합니다.

2015. 12.

사단법인 여헌학연구회 이사장

교육학 박사 장이권

축간사

지역발전을 선도할 '구미학' 수립을 기대하며

영남嶺南의 중심 도시이자 한국 산업화의 메카로 손꼽히는 우리 구미시龜尾市는 자연自然과 인간人間, 전통傳統과 미래未來가 어우러진 '풍요豐饒의 땅'으로 알려져 왔습니다. 영남 팔경八景의 하나이자 수많은 전설을 품고 있는 금오산金烏山을 위시하여 천생산天生山과 태조산太祖山 등이 병풍처럼 도시를 감싸 안고, 도심都心을 관류하는 영남의 젖줄 낙동강洛東江이 드넓게 펼쳐진 들판에 풍요로움을 더하는 구미의 자연환경은 일찍부터 우리 고장을 사람 살기 좋은 고장으로 만드는 밑거름이 되었습니다.

천혜의 자연환경을 밑거름으로 우리 고장 출신의 선조들은 일찍부터 지역의 정체성 수립은 물론이거니와 우리나라 문화와 역사 발전을 위해 뚜렷한 성취를 이루어 냈습니다. 특히 유교문화를 비롯하여 다양한 방면에서 이루어진 지역 내 선조들의 성취는 우리 지역이 영남문화의 중심지, 나아가 정신문화의 메카로 자리 잡는 데 크게 기여하였습니다.

이러한 우리 지역의 자랑스러운 역사와 문화 전통은 20세기 중반 이후 본격화하는 한국의 근대화 과정에서 우리 지역이 산업화의 메카로 발돋움하는 데 밑거름이 되었다고 하겠습니다. 그리고 세계화시대가 본격화하고 무한경쟁시대에 접어든 오늘날에도 우리 지역의 역사문화 전통은 경쟁력 있는 우리 지역의 새로운 미래를 창조하는 기반으로서 그 역할을 다할 것이라 믿어 의심치 않습니다.

우리 구미의 자랑스러운 역사와 문화 전통에 대한 지역민의 관심은 그동안 간헐적으로 제기되어 왔습니다. 1990년대 이후 본격화한 지방자치가 보다 성숙되면서 지역민의 지역에 대한 관심은 더욱 확대되고 있으며, 이러한 과정에서 특히 우리 지역의 역사와 문화 전통에 대한 관심은 더욱 확장되고 있습니다. 하지만 우리 지역의 역사적 전통에 대한 지역민의 관심이 증가하고 있지만, 그 관심을 체계적으로 수용하는 데에는 일정 정도 한계점을 보여 왔던 것이 저간의 사정이기도 합니다. 물론 지역의 역사적 전통을 정리하고 체계화하려는 시도가 없었던 것은 아니지만, 타 지역을 뛰어넘는 구체적이면서도 뚜렷한 성취는 이루어내지 못한 것도 또한 사실입니다.

이러한 그간의 사정에 비추어 〈사단법인 여헌학연구회〉가 미약하지만 구미시의 지원을 받아 「구미의 역사문화인물」 시리즈를 본격적으로 발간하기 시작한 것은 특기할 만한 성취의 첫 걸음이라 평가할 수 있을 것입니다. 더구나 구미시의 제안이 아니라 〈사단법인 여헌학연구회〉가 자발적으로 지역의 역사적 전통에 관심을 두고 지역 문화 및 지역의 정체성을 확립하기 위해 여러 사업을 본격화하였다는 사실은 향후 시의 지속적인 행정적 재정적 지원만 이루어진다면 지역학으로서 '구미학'의 정립에 크게 기여할 수 있을 것으로 기대된다는 점에서 더욱 주목된다고 하겠습니다.

그동안 구체적으로 밝히지는 못하였지만, 구미시의 운영을 책임지는 자리에 있으면서 본인은 여러 가지 주요 사안들을 추진하면서 미처 관심을 쏟지 못하였던 '구미학龜尾學'의 구체화에 관심을 가지고 있습니다. '구미학'은 선산과 인동을 포함하는 우리 지역의 뿌리와 특질을 찾아내어 우리 지역의 정체성을 정립하고, 이를 지역민이 공유하며, 구미지역의 지속적인 발전의 기반으로 삼는 유무형의 자산을 체계화하는 것입니다. 1993년 서울지역에서 '서울학'의 정립을 본격적으로 시작한 이래, 크고 작은 지방자치단체가 해당 지역을 대상으로 하는 지역학 정립에 힘을 쏟고 있습니다. 우리 구미도 지방자치의 성숙에 발맞추어 지역민의 통합과 지역 발전의 밑거름으로서 '구미학'의 구체화가 필요하며, 이러한 점에서 〈사단법인 여헌학연구회〉가 시작한 「구미의 역사문화인물」 시리즈 발간은 그 의미가 작지 않다고 할 것입니다.

우리 구미시는 대한민국의 미래 성장 동력으로 기능할 첨단 산업단지와 더불어 날로 발전하는 정주여건을 바탕으로 머지않은 장래에 '인구 50만 시대'를 기대하고 있습니다. 더불어 세계 속의 명품도시 구미를 만들기 위한 '구미 르네상스시대' 개척에도 시민과 더불어 심혈을 기울이고 있습니다. 이러한 구미시의 위대한 도정道程에 〈사단법인 여헌학연구회〉가 발간을 주도한 「구미의 역사문화인물」 시리즈는 시 발전의 또 다른 밑거름이 될 것입니다. 지면을 빌려 장이권 이사장님을 비롯한 관계자 여러분의 노고에 깊이 감사드리며, 앞으로도 이 시리즈가 더욱 발전할 수 있도록 행·재정적 지원을 아끼지 않을 것을 약속드립니다. 아울러 여러 가지로 바쁜 가운데에도 집필을 맡아주신 필진 교수님들께도 감사의 인사를 전합니다.

꿈과 비전, 그리고 무한한 가능성을 바탕으로 21세기를 선도하는 세계 속의 명품도시 구미시에 보내 주신 성원에 감사드리며, 이 시리즈가 더욱 번성하길 기원합니다. 감사합니다.

2015. 12.

구미시장

남유진

지은이의 말

1392년 7월 17일 태조 이성계李成桂가 수창궁壽昌宮에서 왕위에 올랐다. 열하루 뒤에는 새로운 왕의 즉위를 알리는 교서가 조정 안팎의 대소신료로부터 한량 · 기로 · 군민에 이르는 모두에게 내려졌다. 500년 역사의 고려가 막을 내리고, 조선의 새로운 역사가 시작되는 순간이었다. 여기에 이르기까지 엎치락뒤치락하는 정치적 격랑을 거치며 수많은 사람의 피가 제물로 바쳐졌다. 왕조가 교체되는 장엄한 의식을 치르던 그때, 이성계의 머릿속에는 아슬아슬했던 절체절명의 순간이라든가 삶과 죽음으로 갈린 이들의 얼굴이 주마등처럼 스쳐 지나갔을 것이다.

그로부터 77년이 지난 1469년 11월 28일, 성종 이혈李娎이 경복궁景福宮에서 왕위에 올랐다. 그때, 성종은 열세 살의 어린아이였다. 때문에 성종의 할머니인 정희왕후貞熹王后의 수렴청정과 성종의 장인인 한명회韓明澮 등 원로대신의 원상제院相制라는 비상체제에 의해 국정이 운영될 수밖에 없었다. 그날, 어린 임금과 늙은 노모와 노성한 대신들의 머릿속에도 여기까지 오는 동안 겪었던 숱한 정치적 격변과 앞으로 펼쳐질 불확실한 미래에 대한 생각으로 만감이 교차했을 것이다.

점필재 김종직은 성종이 즉위하던 무렵, 마흔이라는 불혹不惑의 나이에 예문관수찬藝文館修撰이라는 영예로운 자리에 있으면서 그날의 역사적 장면을 가까이에서 지켜볼 수 있었다. 한 인간으로서 가장 열정적으로 무언가를 해 볼 만한 그때, 김종직은 과연 무슨 생각과 어떤 다짐을 하고 있었을까? 뒷날, '사림의 종장宗匠' 이란 이름으로 기려지게 될 그였기에 더욱 궁금하다. 직접 물어 확인할 길은 없지만, 전후 행적을 고려해 본다면 분명 조선을 문명文明의 나라로 만들어보겠다는 포부에 가득 차 있었으리라 확신한다. 비록 많은 피를 요구하며 칼로 세운 조선이었지만, 인문정신人文精神으로 넘쳐나는 유교문명국가를 만들어 보겠다는 신념과 실천을 그의 삶 곳곳에서 확인할 수 있기 때문이다.

하지만 김종직의 삶을 꼼꼼하게 추적해 나가다가 보면, 그가 기대했던 부푼 꿈은 왠지 아스라하게 느껴질 때가 많다. 사실, 부친 김숙자로부터 학문의 기초를 단단하게 닦은 이후 그의 관료생활은 더할 나위 없이 순탄한 것처럼 보이기도 한다. 과거에 급제하여 승문원·사헌부·예문관·홍문관·도승지·이조참판·형조판서 등 모두가 선망하던 청요직淸要職을 두루 거쳤으니 어찌 그렇지 않겠는가. 그럼에도 불구하고 성종의 즉위로 꿈에 부풀었던 가장 빛나는 40대를 함양군수·선산부사와 같은 지방관으로 보내야 했다는 사실이 왠지 그의 삶과 그의 시대를 범박하게 '희망의 시대'로만 보아 넘기지 못하도록 만든다.

돌이켜 보면, 우리는 지금까지 대부분 김종직을 살아 있는 구체적인 인간으로보다는 사림의 종장이라는 추상적 이미지로만 이해하고 받아들여 왔다. 정몽주가 제창한 동방의 도학道學을 길재·김숙자로부터 이어받아 김굉필·정여창에게 넘겨준 도통道統의 계보로만 파악하고 말았던 것이다. 그가 어떤 과정을 거쳐 자아를 형성해 갔고, 어떤 애환을 겪으며 관료생활을 영위해 갔고, 어떤 희비가 엇갈리는 가족관계를 유지해 갔고, 어떤 계기를 통해 사림의 종장으로 추앙받게 되었는가에 깊은 관심을 가져 본 경험이 거의 없는 것이다.

그런 한계를 극복하기 위해서는 김종직이 남긴 시문詩文을 통해 내면을 들여다보고, 주변의 관련 자료와 견주어 가며 그의 내면세계를 객관화하는 이중의 작업을 거쳐야만 했다. 또한 김종직의 삶과 그의 삶을 재구해야 하는 필자가 한 몸 한마음이 되어 보기도 하고 비판적인 거리를 유지하기도 하는 아슬아슬한 긴

장관계도 절실하게 요구되었다. 그 결과, 김종직을 '사림의 종장' 이라는 형해화形骸化된 틀로만 가두어 둘 수 없다는 잠정적 결론에 도달했다. 그가 걸어간 여정은 도학자로서의 길, 문장가로서의 길, 그리고 정치가로서의 길 등 다양하고도 넓게 펼쳐져 있었던 것이다.

하지만 김종직이 걸어갔던 모든 길은 한 지점으로 수렴된다고 해도 과언이 아니다. 김종직은 그것을 선명하게 밝혀 주고 있었다. '점필佔畢' 이라는 자신의 호가 그것이다. 『예기禮記·학기學記』에 출전을 두고 있는 이는 "경전의 뜻도 제대로 알지 못한 채, 책에 적힌 문자만 배송하며 가르치는 변변치 못한 경서선생(經師)" 이라는 뜻으로 풀이할 수 있다. 유가경전을 통한 후진교육을 평생의 소임으로 여겼던 자기 자신에 대한 겸사이다. 조선이 내걸었던 유교문명국가의 건설을 후진교육을 통해 실현하고자 했던 것이다. 필자가 잘 알려진 '사림의 종장' 이란 말 대신 '시대의 스승' 이란 이름을 표제로 내걸게 된 까닭이다.

필자는 글을 쓰는 내내 김종직은 참 좋은 선생이었다는 생각을 수없이 했다. 원칙을 지키면서도 온화함으로 가르치고, 제자를 교육의 대상이 아니라 도를 함께 추구하는 동류同類로 생각하고, 제자들 각각의 능력과 소질에 맞는 가르침을 주고, 등등. 김종직과 그의 제자들은 수직적인 사제관계師弟關係가 아니라 수평적인 사우관계師友關係를 꿈꾸었던 것이다. 뿐만 아니다. 김종직은 지금도 미완의 과제인 정치적 이상을 제시하고 있다는 사실을 자주 확인했다. 능력 있는 인재를 발탁할 수 있는 인사제도, 인재 교육을 통한 중앙과 지방의 차별 극복, 지역교화를 통한 지방자치 능력의 확대 등등. 영남에서 태어나 영남의 자제를 많이 가르친 까닭에 '영남선배당嶺南先輩黨'이라는 비아냥거림도 들었지만, 그는 당시 신진사류가 꿈꾸던 시대정신時代精神을 이끌어 간 선구자이자 우뚝한 시대의 스승이었다.

김종직이 온몸으로 실천해 보여 준 이러한 사우관계와 시대정신은 비단 성종의 시대만이 아니라 지금 우리 시대에도 여전히 절실한 과제이다. 아니, 더욱 절실한 과제이다. 김종직의 삶을 그려 나간 이 책에서 그 점이 조금이라도 드러나게 된다면, 그래서 큰 어른이 부재한 우리 시대에 가슴으로 품을 만한 참된 스승을 만날 수 있게 된 것이라면 더할 나위 없는 기쁨이겠다. 그것이야말로 무오사화와 갑자사화에 비극적으로 죽어 간 김종직과 그의 젊은 제자들이 꿈꾸던 새로운 세상을 지금 우리가 이어받겠다는 작은 다짐일 테니까 말이다.

2015년 12월

정출헌 씀

차례

제1장 프롤로그

조선의 시대정신을 열어간 한 지식인의 분투

성종 23년(1492) 8월 19일, 점필재佔畢齋 김종직金宗直(1431~1492)은 자신이 태어난 밀양에서 62세를 일기로 생을 마쳤다. 그 때, 평생의 지기였던 홍귀달洪貴達은 무덤으로 들어서는 길목에 신도비神道碑를 세워 김종직의 삶을 기념하고자 했다. 절절한 우정을 담아 써내려 간 비문의 첫머리는 이렇게 시작한다.

> 덕행德行 · 문장文章 · 정사政事는 공자 제자들 가운데도 겸한 이가 없었으니, 그보다 못한 사람이야 말할 나위가 있겠는가. 재주가 뛰어난 사람은 행실에 결점이 있고, 성품이 소박한 사람은 다스림에 졸렬한 것이 일반적이다. 그런데 우리 문간공文簡公[1]같은 사람은 그렇지 않았다. 행실은 남의 표본이 되었고, 학문은 남의 스승이 되었으며, 살아서는 임금이 후하게 대우하였고, 죽어서는 뭇사람이 슬피 사모하고 있다. 어찌 이처럼 공의 한 몸에 경중輕重이 관계될 수 있단 말인가.
>
> 홍귀달, 「신도비명神道碑銘」

홍귀달은 김종직이 덕행 · 문장 · 정사 등 여러 방면에서 우뚝한 성취를 이룬 인물이었다고 기억되기를 바랐다. 죽은 벗에 대한 의례적 찬사를 걷어낸다고 해도, '덕행이 있는 인물', '문학

김종직 신도비와 신도비각(밀양 소재)

에 뛰어난 인물', '정치에 능했던 인물'이라는 면모까지 지워질 수는 없다. 도학자로서의 삶, 문장가로서의 삶, 정치가로서의 삶은 김종직이 평생 추구한 세 길이었다. 그리하여 다른 사람의 모범이 되고 다른 사람의 스승이 되었으며, 살았을 때나 죽었을 때나 위로는 임금으로부터 아래로는 많은 사람들이 한결같이 존중하는 삶을 살았던 것이다. 홍귀달은 김종직의 비문을 다음과 같이 끝맺고 있다.

> 평상시 사람을 접대하는 데 있어 온통 온화한 기색이 가득하였지만, 의리가 아닌 것이면 조금이라도 남에게서 취하지 않았다. 오직 경전經典과 사서史書를 탐독하여 늘그막에 이르러서도 게으를 줄을 몰랐으므로, 얻은 것이 크고 넓었다. 그리하여 사방의 학자들이 각각 그 그릇의 크고 작음에 따라 마음에 만족하게 얻어 돌아갔는데, 한 번 공의 가르침을 받으며 훌륭한 선비가 되어서 문학으로 세상에 이름을 떨친 자가 태반이나 되었다.

정말 그러했다. 현재 파악된 김종직의 문인 60여 명 가운데 문과에 급제한 제자는 무려 48명이나 된다. 장원급제만 꼽아도 13명에 달할 정도다.[2] 대단한 숫자이다. 김종직의 문하에서 배워 세상에 나가 이름을 떨친 이런 제자들은 15세기 후반, 성종의 시대를 이끌어 갔다. 성종 대에 조선의 유교문명이 완성을 보았다고 평가되는데, 바로 이들이 그 주역으로 활동했던 것이다. 이처럼 발군의 제자들을 많이 길러낸 김종직의 뚜렷한 성취는 19세기에 이르기까지 경이로운 일로 기억되고 있었다. 조선 후기의 정계와 학계를 주도했던 경화사족京華士族의 주요 멤버 홍한주洪翰周는 이렇게 감탄한 바 있다.

> 우리나라에서 점필재의 제자들은 성대하기가 퇴계 · 율곡 · 우암 · 동춘 같은 분의 문하라도 따를 수 없을 듯하다. 점필재는 비록 도학으로 자임하지는 않았으나, 문하에 나아간 여러 제자는 각각 배운 바로 성취하였다. 김굉필 · 정여창은 도학을 얻어 갔고, 김시습 · 남효온은 절의를 얻어 갔고, 김일손 · 조위는 문장을 얻어 갔다. 뒷날의 학자 가운데 어찌 이런 명류名流를 제자로 둔 사람이 있었던가? 참으로 기이한 일이다.
>
> 홍한주, 『지수염필智水拈筆』

김종직은 퇴계 이황, 율곡 이이, 우암 송시열, 동춘당 송준길과 같은 쟁쟁한 인물들보다 더 많고 더 뛰어난 제자들을 길러냈다는 것이다. 도학을 제창하여 문묘에 배향된 김굉필金宏弼 · 정여창鄭汝昌, 절의를 지켜 생육신으로 추숭된 김시습金時習 · 남효온南孝溫, 문장과 정치로 이름을 떨쳤던 조위曺偉 · 김일손金馹孫

등이 그 제자들이다.[3] 뛰어난 제자도 많았거니와, 보다 주목해야 할 점은 여러 제자들이 다양한 방면에서 이름을 떨쳤다는 사실이다. 도학으로 성취를 이룬 제자도 있고, 절의로 성취를 이룬 제자도 있고, 문학과 정치로 성취를 이룬 제자도 있다. 김종직은 제자들을 자신의 아류로 기르지 않았다. 도학이면 도학, 절의면 절의, 문장이면 문장, 정치면 정치 등 개개인의 능력과 소질에 맞는 방향으로 제자를 길러 냈던 것이다.

하지만, 김종직의 뛰어난 제자들은 자신의 꿈을 제대로 펼쳐 보지 못했다. 연산군이 일으킨 무오사화戊午史禍와 갑자사화甲子士禍 때 거의 대부분 참화를 겪었기 때문이다. 잘 알려진 것처럼 유자광柳子光은 김종직의 「조의제문弔義帝文」이 세조를 비판한 글이라고 연산군에게 음해하여 무오사화를 일으켰다. 피비린내가 궁궐에 진동하던 그때, 죽은 지 6년이 지난 김종직은 관을 쪼개 시신을 베는 부관참시를 당하고 제자들은 참혹한 죽음을 당하거나 가혹한 형벌을 받고 변방으로 내쳐졌다. 그리하여 김종직과 그의 제자들이 꿈꾸던 새로운 시대의 희망은 산산조각 나 버리고 말았다. 뒷날, 이황李滉은 김종직의 성취와 좌절을 다음과 같이 읊었다.

점필재의 사문이 백세에 이름나니　　佔畢師門百世名
문을 통해 도로 들어가 큰선비 길러 냈네.　　沿文泝道得鴻生

공을 반도 못 이룬 채 난리를 당하여　　　成功未半嗟蒙難
혼미한 자들 잠을 미처 깨우지 못했네.　　　喚起群昏尚未醒

이황, 「한가롭게 지내며」(閒居) 제12수

이황은 1·2구에서 김종직이 문文을 통해 도道로 들어가는 방법으로 제자를 길러낸 점을 가장 큰 공업으로 꼽았다. 문장과 도덕에 뛰어나서 많은 제자들이 존중하여 따랐다는 홍귀달의 기록과 정확히 일치한다. 하지만 3·4구에서는 김종직의 이런 성취가 꽃을 피워 보지도 못한 채 도중에 화를 당해 실현되지 못했다며 못내 안타까워하고 있다. 무오사화와 갑자사화 때 제자들 대부분이 참화 겪은 일을 가리키는 것이다. 이황의 그런 안타까움은 기대승奇大升에게도 마찬가지였다.

우리 조선에 들어와 정몽주의 학문을 전습한 자는 김종직입니다. 그는 학문에 연원이 있고 행실도 단정하고 방정하였으며, 후학을 가르침에 지극한 정성을 쏟았습니다. 성종이 그의 어짊을 알고 판서로 발탁하였지만, 세상과 뜻이 맞지 않았습니다. 연산군 때 사화가 일어나서 사림들이 죄를 입었는데, 참화가 그의 제자로부터 시작되었기 때문에 화가 스승 김종직에게까지 미쳤습니다.

기대승, 『고봉집』, 「논사록論思錄」, 선조 즉위년 10월 23일

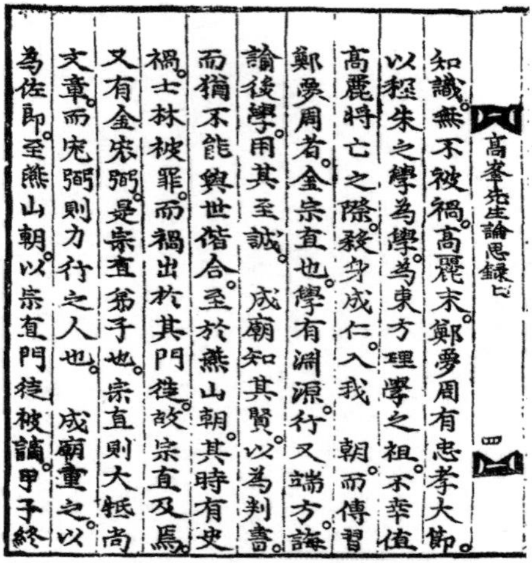

高峯先生論思錄 上　　四

知識。無不被禍。高麗末。鄭夢周有忠孝大節。以程朱之學爲學。爲東方理學之祖。不幸値高麗將亡之際。殺身成仁。入我　朝。而傳習鄭夢周者。金宗直也。學有淵源。行又端方。誨諭後學。用其至誠。　成廟知其賢。以爲判書。而猶不能與世偕合。至於燕山朝。其時有史禍。士林被罪。而禍出於其門徒。故宗直及焉。又有金宏弼。是宗直弟子也。宗直則大抵尙文章。而宏弼則力行之人也。　成廟重之。以爲佐郞。至燕山朝。以宗直門徒被謫。甲子終

『고봉집』, 「논사록」 원문

기대승이 선조에게 김종직이 어떤 인물이었는지를 소개하는 대목이다. 정몽주로부터 시작된 학문을 이어받아 행실이 단정하였고 후학을 가르치는 데 열성을 다했다는 김종직의 성취는 이황이 지적했던 바와 일치한다. 연산군이 일으킨 사화로 말미암아 스승과 제자가 모두 참변을 당했다는 사실도 일치한다. 그런데 중간에 삽입된, 이른바 "성종이 그의 어짊을 알고 판서로 발탁하였지만, 세상과 뜻이 맞지 않았습니다"라는 지적은 다소 낯설다. 형조판서에까지 오른 김종직의 정치적 행로는 일견 순탄했던 것처럼 보이기 때문이다. 더욱이 정몽주로부터 이어진 도학을 계승하여 '사림의 종장宗匠'으로 존중받고 있고 많은 제자들을 다양한 방면으로 길러내 '백세百世의 스승'으로 존중받고 있다는 점을 고려한다면, "세상과 뜻이 맞지 않았다"라는 지적은 쉽게 납득하기 어렵다.

그럼에도 불구하고 이런 지적은 김종직의 삶을 제대로 이해하기 위해, 범상하게 지나쳐 버릴 수 없는 단서를 제공한다. 돌이켜 보면, 김종직이 살았던 '성종의 시대'는 조선 초기의 숱한 정치적 격변을 통해 공신功臣으로 책봉되어 중앙의 정치권력과 문단권력을 한꺼번에 틀어쥐고 있던 '훈구대신의 시대'이기도 했다. 한명회 · 정창손 · 신숙주 · 정인지 · 서거정 등이 바로 그들이다. 하지만 김종직은 이런 훈구공신들과 그 어떤 혈연 · 학연 · 지연으로도 연줄이 닿지 않는, 곧 영남에서 부친 김숙자의 가학家學과 스스로의 독학獨學에 힘입어 중앙 정치무대로 진출한 이른바 '시골 선비'에 불과했다. 지금도 중앙과 지방의 차별이 심하지만, 문벌門閥이 매우 중시되던 조선 전기에는 그 차별이 지금보다 훨씬 심했을 뿐만 매우 노골적이기까지 했다.

실제로 김종직은 이런 훈구공신들과 학문성향은 물론 당대를 바라보는 시각도 사뭇 달랐다. 그 때문에 그들과 미묘하게 갈등하고 빈번하게 부딪쳤다. 아니, 어쩌면 일방적으로 시기와 배척을 당했다고 표현해야 옳을지도 모른다. 김종직이 그런 힘겨운 상황을 극복하는 길은 젊은 제자들과 뜻을 함께하며 새로운 유교문명의 시대를 만들어 가는 방법밖에 없었다. 그 과정에서 때론 기뻐하고 때론 좌절했다. 그런 삶의 모습은 훈구파와 사림파의 정치적 대결이라는 거대구도로는 제대로 파악되지 않는, 한 인간의 분투를 우리에게 생생하게 보여 준다. 또한 김종직을 '도학道學의 창도자' 라는 고착된 이미지로만 추숭할 때는 발견하기 어려운 미세하고 진솔한 내면의 모습들이다.

너무나 당연하지만, 김종직도 살아 숨 쉬는 한 인간이었다. 다만 도학의 가르침을 실천하기 위해 낡은 세대, 낡은 관습, 낡은 사유, 낡은 정치와 맞서 새롭게 바꿔나가지 않으면 안 되는 길을 선택한 선구적 인간이었다. 정몽주-길재-김숙자로부터 이어져 온 성리학적 이념과 삶의 자세를 받아들인 것이 그런 길을 걷게 만든 원천이다. 성리학은 본래 진취적이고 실천적 성향이 강한 학문이다. 고려를 무너뜨리고 조선이란 새로운 국가를 건설할 때는 강력한 혁명이념이 되기도 했고, 불교적 잔재를 청산하고 조선을 유교문명 국가로 만들 때는 확고한 실천윤리가 되기도 했다. 김종직은 많은 제자들과 함께 그 길을 열어 갔던 인물이다. 그가 개척한 새로운 길은 뒷날 '선비정신' 으로 불리기도 했다. 그렇다면 기대승이 지적한 "세상과의 불화"라는 말은 새로운 유교문명과 올곧은 선비정신, 곧 조선시대의 인문정신을 열어 갔던 한 지식인의 분투를 이해하기 위해 음미해야 할 일종의 화두話頭와도 같다. 이제, 그런 화두를 깊이 유념하면서 김종직이 걸어갔던 삶의 굴곡진 여정과 시대적 성취를 찬찬히 더듬어 보기로 한다.

주

1) 김종직에게 처음 내려진 시호는 문충공文忠公이었는데, 의정부에서 실상 보다 과하다고 문제를 제기하여 오랜 논란 끝에 문간文簡으로 고쳐졌다. 숙종 34년(1780) 다시 원래 시호인 문충文忠으로 복시復諡하였다.

2) 송웅섭, 「김종직 문인 그룹 형성 무대로서의 '서울'」, 『서울학연구』 31집 (서울시립대학교, 2008), 56쪽.

3) 김시습은 김종직에게 수학한 경험이 없다. 남효온과 절친했던 까닭에 홍한주가 제자로 착각한 것으로 보인다.

제2장 김종직의 수학시절과 학문적 배경

가슴속에 별자리 같은 글 십분 맑으니 　　胸中列宿十分晶
남기신 가르침에서 지극한 맑음을 가슴에 새길 뿐. 　　嚴訓唯知服至淸
오늘 우연히 깊은 성찰하셨던 곳에 와서 　　今日偶來深省地
시냇물 소리 듣노라니 흐르는 눈물 주체할 수 없네. 　　不堪揮淚聽溪聲

김종직, 「안동의 별실別室에서 선친의 시를 보고」

1. 세 개의 고향: 밀양, 김천, 그리고 선산

김종직은 세종 13년(1431) 6월 강호江湖 김숙자金叔滋(1389~1456)와 밀양박씨 사이에서 셋째 아들로 태어났다. 큰형은 종석宗碩이고, 작은형은 종유宗裕이다. 본관은 선산善山인데, 선산김씨는 김선궁金宣弓이 왕건의 고려 창업을 도운 공을 인정받아 대광문하시중大匡門下侍中에 오르면서 선산에서 유력한 가문으로 성장했다. 부친 김숙자는 박홍신朴弘信의 딸과 결혼하며 삶의 터전을 선산에서 밀양密陽으로 옮겨간 뒤, 밀양에서 김종직을 낳았다. 부친이 거주지를 처가로 옮긴 것은 유별난 사례가 아니다. 율곡 이이가 모친 신사임당의 고향 강릉에서 태어났던 것처럼, 조선 전기의 사대부들은 결혼과 동시에 처가로 이주하여 살곤 했다.

김종직 생가(밀양 소재)

그런 까닭에 김종직은 어린 시절을 새로운 고향 밀양에서 보냈다. 그럼에도 불구하고 자신이 자란 밀양만이 아니라 조상이 살던 선산은 물론 자신의 처가인 김천金泉도 각별하게 여겼다. 특히, 선산은 김종직에게 고향과도 같았다. 성종 7년(1476) 선산부사로 부임한 김종직은 곳곳을 돌아보며 다음과 같은 회상에 젖어 들었다.

병신년 가을에 외람되게 향관鄕貫인 선산의 부사가 되었는데,

선산지역에는 땅이든 사람이든 조금도 사사롭게 축적한 바 없어 사양하지 못했다. 본관이 선산인 사람 가운데 선산의 수령에 임명된 사람으로는 내가 유일하다. 선산부의 관아를 살펴보면 우리 선조들이 공경히 꿇어앉거나 분주하게 종종걸음 치던 뜨락이요, 시내와 언덕을 둘러보면 우리 부친께서 어릴 때 낚시하거나 노시던 곳이다. 그리하여 안석에 기대고 앉을 때마다 두렵고 슬프고 부끄러운 생각에 나도 모르게 땀이 등을 흠뻑 적시곤 했다.

『이준록』, 「선공보도先公譜圖」

김종직은 김선궁의 옛집에 있는 교목喬木을 선산지역의 십절十絶 가운데 하나로 꼽으면서, 선산김씨를 "절반은 고관이고, 절반은 아전이었다"(半是簪纓半刀筆)[4]라고 소개하고 있다. 이는 "김선궁의 맏아들 문봉文奉은 삼사우윤三司右尹으로 고향에 돌아와 아전이 되었으며, 둘째아들 봉술奉術은 아버지의 뒤를 이어 시중侍中이 되었다. 부의 사족士族 및 이족吏族은 모두 김선궁의 후손들이다"[5]라는 『신증동국여지승람』의 기록과 부합한다. 김종직의 선조는 고려 초 이래 향리鄕吏로부터 사족士族으로 성장하는 전형적인 궤적을 밟아 갔던 것이다. 김종직이 선산부 관아의 뜨락을 보고 '선조들이 공경히 꿇어앉거나 분주하게 종종걸음 치던 것'을 떠올린 것은 이런 까닭이다. 또한 선산지역의 경치 좋은 시내

라든가 산야는 모두 부친이 노닐던 곳이었을 만큼, 선산은 김종직에게 무척 낯익은 고장이었다. 실제로 김종직은 한동안 선산에서 지냈던 적도 있다. 부친이 세종 21년(1439) 6월부터 이듬해 6월까지 1년 동안 선산교수관善山教授官으로 있을 때, 김종직은 선산으로 와서 부친에게 직접 가르침을 받았다. 그때 김종직의 나이 아홉 살이었으니, 선산은 김종직에게 유년의 기억이 생생한 추억의 장소였던 것이다.

김종직이 선산에서 부친으로부터 학문의 걸음마를 배웠던 것처럼, 부친 김숙자에게도 선산은 어린 시절 학문을 시작한 장소였다. "조선 인재의 절반은 영남에서 나오고, 영남 인재의 절반은 선산에서 나온다"라는 말이 있었을 정도로 선산은 학문적 기풍이 융성했던 고장이다. 『신증동국여지승람』에도 선산의 풍속을 "문학을 숭상한다"라고 소개할 정도였다. 선산이 이처럼 학문을 숭상하는 지역으로 자리 잡을 수 있었던 데는, 고려 창업에 공을 세워 일찍부터 정치적 진출의 기반을 닦은 김선궁의 역할이 큰 몫을 했을 터이다. 그리고 선산지역의 비옥하고 너른 전답이 가져다주는 풍요로움과 함께, 낙동강 뱃길과 영남대로를 통해 영남의 물산이 집결하는 교통의 요지라는 지리적 특성도 큰 몫을 했다. 사족의 자제들이 학업에 전념할 수 있는 정치적 목표와 경제적 토대를 일찍부터 갖추고 있었던 것이다.

하지만 선산이 학문을 숭상하는 고장으로 자리 잡게 된 배경을 이해하기 위해서는 이런 외적인 요인들과 함께 길재吉再와 김치金峙와 같은 향선생鄕先生의 강학활동에 주목할 필요가 있다. 길재는 고려 말 두 임금을 섬길 수 없다며 선산으로 낙향한 뒤, 조선 태종의 부름을 거절한 채 금오산 아래에 터를 잡고 인근 자제들을 가르치며 여생을 보냈다. 이런 절의를 인정받아 길재는 『삼강행실도』 「충신도」에 이름을 올리고 있을 정도로 당대 우뚝한 인물로 존중받고 있었다. 또 다른 인물은 김치金峙이다. 김해부사金海府使를 지냈던 그는, 벼슬을 마치고 영봉리迎鳳里로 내려와서 길재와 마찬가지로 인근 자제들을 가르쳤다. 뿐만 아니라 그는 가묘家廟를 세워 제사지내는 등 유교적 예법을 준수함으로써 많은 사람들에게 존중을 받았다.

이처럼 길재와 김치 두 선생은 선산지역에서 조선의 건국이념인 유학의 기본을 가르치고, 그 생활규범인 『소학』·『주자가례』의 참뜻을 몸소 실천했던 선구적 인물이다. 그리하여 이들의 강학활동과 생활실천은 선산이 학문의 고장으로 자리 잡는 데 크게 기여했던 것이다. 사육신 하위지河緯地, 생육신 이맹전李孟專, 그리고 성리학의 도통道統을 이어간 김숙자·김종직 부자처럼 뛰어난 인물들이 선산에서 집중적으로 배출된 것은 결코 우연이 아니었다. 위로는 사족으로부터 아래로는 서민에 이르기까지 이들의 교화는 선산지역의 풍습을 일신하도록 만들었던 것이다. 김종직도 이런 선산의 유풍을 자랑스럽게 노래한 바 있다.

[1]

금오산 봉계 물가를 마음껏 소요하노라니　　烏山鳳水恣徜徉
야은선생의 맑은 풍모는 말하자면 길어지네.　　冶隱淸風說更長
계집종들도 시를 읊으며 절구질을 한다 하니　　爨婢亦能詩相杵
지금도 사람들이 정현鄭玄의 고향에 비긴다오.　　至今人比鄭公鄕

[2]

고을 사람들 예로부터 학교를 중히 여기니　　鄕人從古重膠庠
뛰어난 인재들을 해마다 조정에 바친다네.　　翹楚年年貢舜廊
성의 서쪽 작은 마을 영봉리를　　一片城西迎鳳里
유생들은 장원방壯元坊이라 부르고 있다네.　　青衿猶說壯元坊

『점필재집』, 「윤료가 「선산지리도」를 만들었으므로, 그 위에 절구 열 수를 쓰다」(允了作善山地理圖, 題十絕其上) 제6 · 7수

[1]은 금오산 봉계동鳳溪洞에 은거하던 길재의 교화를 입어 집안의 계집종들까지 곡식 찧을 때 시를 읊으며 절구질한다는 소문을 소재로 삼고 있다. 한나라의 대학자 정현鄭玄이 자신의 고향 고밀현高密縣의 풍속을 일신시켰다는 고사를 끌어 와서 선산의 풍속을 교화한 길재를 예찬하고 있는 것이다. 계집종도 이러할진대 사족의 자제들이야 말할 필요조차 없겠다. 실제로 [2]에서는 선산에서 뛰어난 인재가 많이 배출되었다는 사실을 구체적으로

열거하고 있다. 선산의 영봉리迎鳳里라는 작은 고을에서 전가식田可植・정지담鄭之澹・하위지河緯地 등 장원급제한 인재를 세 명이나 배출했다는 것이다. 공부하는 젊은이들이 영봉리를 '장원급제의 고을'이라 바꿔 부르고 있는 까닭이다. 김종직의 부친 김숙자도 이들과 함께 선산 영봉리에서 살았다. 그리고 많은 자제들이 그러했던 것처럼, 길재를 찾아가 학문의 기초를 닦았다.

> 공(김숙자)의 나이 12~13세가 되었을 때였다. 향선생鄕先生 길재吉再가 일찍이 고려에서 벼슬을 했던 관계로 본조本朝의 녹봉을 사양하고 여러 차례 부름을 받고도 나가지 않은 채, 금오산金烏山 밑에 집을 짓고 자제들을 가르쳤다. 아동들이 구름처럼 모여들었는데, 그는 쇄소응대灑掃應對의 절차로부터 도무영가蹈舞詠歌에 이르기까지 가르치되 등급을 뛰어넘지 못하게 하였다. 공도 가서 수업하였다.
>
> 『이준록』, 「선공사업先公事業」

열 살이 갓 넘은 부친 김숙자는 길재를 찾아가 『소학』과 같은 유학의 초학서로부터 모든 예의범절과 춤추고 시 읊고 노래하는 것들을 두루 배웠다. 이후 향교에 들어가서 공부를 진전시켜 보고자 했지만, 그곳에서는 크게 배울 것이 없었다. 향교에는 가르칠 만한 선생도 없고, 진지하게 공부하려는 학생도 없었다고 술회하고 있다. 아직 그때까지 지방 향교는 교육의 기능을 제대로 감당하지 못하고 있었던 것이다. 그런 까닭에 김숙자는 정자程子·주자朱子를 통해 공자·맹자사상의 근원으로 들어가는 유교 경전의 공부를 거의 독학으로 돌파해야만 했다. 뒷날 부친 김숙자와 아들 김종직이 고을에 수령으로 부임하게 되었을 때, 왜 그렇게 향교 교육의 진흥에 힘썼는지를 짐작하게 하는 대목이다.

그때 마침 당대에 뛰어난 선생으로 손꼽히던 윤상尹祥이 인근의 황간현감黃澗縣監으로 내려왔다. 소식을 접한 김숙자는 곧바로 찾아가서 『주역』을 배움으로써 경학 공부에 큰 성취를 보게 되었다. 윤상은 경술經術과 문장文章을 하나로 아우르는 학문의 길을 열어가며 많은 제자들을 가르쳤던 까닭에 모든 사람들이 태산북두泰山北斗처럼 우러르던 최고의 스승이었다. 김종직 자신도 사숙私淑한 분이라며 고백한 바 있다.[6] 김숙자가 이처럼 탁월한 스승을 찾아다니며 성리도덕의 학문에 정진할 수 있었던 것은, 물론 어린 시절 길재에게서 학문의 기초를 배웠기 때문에 가능했을 터다. 그 스스로 이렇게 고백하고 있다.

> 선공(김숙자)은 천성이 지극히 효성스러웠다. 평소 집에서 어버이를 섬기는 데 있어서는 모든 일을 『소학』의 가르침에 따라서 했다. 신해년(세종 13, 1431) 부친상을 당해서는 슬퍼함이 예에 지나쳐서 한 잔의 물도 마시지 않다가, 염하여 초빈을 하

고 나서야 겨우 죽과 음료를 드셨다. 봉암산에 장사를 지내고 나서는 묘 곁에 여막을 짓고 살면서, 갈의褐衣 한 벌에 짚신 한 켤레를 신고 몸에서는 수질首絰과 요대腰帶를 벗지 않았으며 거적자리를 깔고 나무토막을 베고 누우며 거친 음식을 먹었는데, 조금도 해이함이 없었다. 봉암산과 생송리 집과의 거리는 겨우 십 리였지만, 3년 동안 한 번도 집에 오지 않았다.…… 선공은 모든 절차를 『주자가례』에 의거하여 거행하였다. 남에게 그런 이유를 말할 때마다 "내가 감히 세속과 달리하려는 것이 아니라 길재吉再 · 김치金峙 선생의 가르침을 따른 것일 뿐이다"라고 하였다.

『이준록』, 「선공사업」

조선 초기까지만 해도 장례는 불교식으로 치르는 것이 일반적이었다. 하지만 김숙자는 일체의 생활을 『소학』의 가르침대로 행했을 뿐만 아니라 부친상을 당했을 때는 모든 절차를 유교의 윤리규범인 『주자가례』에 따랐다. 사실, 무덤 옆에 여막을 지어 놓고 삼년상을 치르는 행위는 『삼강행실도』 「효자도」에 실어 표창할 정도로 아주 낯선 모습이었다.[7] 국가에서 추진하던 유교적 교화가 아직 개개인의 일상에까지는 침투하지 못하고 있었던 것이다. 많은 사람들이 김숙자의 유교식 장례절차를 낯설어하거나 이상하게 생각하며 그 까닭을 물었던 이유이기도 하다. 이에 김

금오서원. 길재, 김종직, 정붕, 박영, 장현광 등 5현의 위패를 모시고 있다.

숙자는 "어린 시절 배운 길재와 김치의 가르침을 따랐을 뿐이다"라고 간단하게 답했다. 스승으로부터 어릴 때 배운 삶의 태도를 오랜 세월이 지나도 깊이 간직하고 실천에 옮겼던 것이다. 기실, 어릴 때 형성된 습관은 쉽게 바뀌지 않는 법이다. 김숙자도 그러했고, 그런 부친에게 학문의 기초를 배운 김종직도 삶의 내내 그러했다.

2. 부친 김숙자와 아들 김종직

길재와 김치 그리고 윤상이 그러했던 것처럼, 김숙자도 후진들 가르치는 것을 평생의 책무로 자임했다. 가르치는 방법 또한 스승에게 배웠던 것을 그대로 충실하게 따랐다. 김종직은 부친 김숙자의 교육 방법과 절차를 다음과 같이 소개하고 있다.

[1] 선공은 남을 가르치는 데에 게으르지 않았다. 아무리 우매하고 노둔한 자일지라도 반드시 이모저모 자세히 타일러서 깨닫게 만들고야 말았다. 어린아이를 가르치는 데 있어서는 먼저 『소학小學』을 가르쳐서, 어버이를 사랑하고(愛親) 어른을 공경하며(敬長) 스승을 높이고(隆師) 벗들과 서로 친하여(親友) 근

본을 함양하게 한 다음에야 다른 글을 읽도록 했다.

[2] 우리들을 가르칠 적에도 학문을 하는 데 있어 등급을 뛰어 넘지 못하게 하였다. 그래서 처음에는 『동몽수지童蒙須知』·『유학자설幼學字說』·『정속편正俗篇』을 가르쳐 주고, 이것을 모두 배송한 다음에야 『소학』에 들어가게 했다. 그리고 다음으로는 차례로 『효경』·『대학』·『논어』·『맹자』·『중용』·『시경』·『서경』·『춘추』·『주역』·『예기』를 읽게 하였고, 그 다음에야 『통감』 및 제자백가를 마음대로 읽도록 하였다.

『이준록』, 「선공사업」

김숙자는 지방의 향교와 서울의 성균관 등에서 오랫동안 가르치면서 조정의 명사名士가 된 제자들을 많이 길러 내었는데, 그럴 수 있었던 것은 교육의 목표가 명확하고 교육의 절차가 체계적이었기 때문이다. 방법은 간단하다면 간단했다. [1]에서 볼 수 있듯, 먼저 『소학』을 가르쳐 부모·어른·스승·벗을 대하는 인간의 기본을 가르친 뒤에 비로소 다른 공부로 들어가도록 했다. 공부의 절차도 [2]에서 보듯 매우 체계화되어 있었다. 유학의 여러 경전을 기본으로 삼되, 배움의 절차를 뛰어넘는 엽등獵等은 철저하게 경계했던 것이다.

김종직은 이런 교육의 목표와 절차에 따라 부친으로부터 엄격한 수학의 시기를 거쳤다. 특별한 스승을 두지 않은 채 부친의 임지를 따라다니며 가르침을 받았던 것이다. 아홉 살 때인 세종 21년(1439) 부친이 선산교수관善山教授官이 되었을 때는 1년 동안 『소학』 등을 배웠고, 열두 살 때인 세종 24년(1442)부터는 고령현감으로 있던 부친으로부터 3년간 작은형과 함께 『주역』을 배웠다. 그러다가 열다섯 살 때인 세종 27년(1445) 부친이 승의랑承議郎 겸 남학교수관南學教授官에 제수되자 서울로 따라 올라갔다. 이후 성균관에 들어가서 3년 정도 수학하기도 했지만, 부친의 가르침은 여전했다. 김종직은 이 시절을 다음과 같이 회고하고 있다.

> 무진년(세종 30, 1448) 여름 서울에서 나는 혼자 부친을 모시고 있었었다. 하루는 남학南學에서 퇴청하여 식사를 하시면서 물었다. "성균관에서 성리학에 관한 시험을 보았다는데, 너도 지어 보았느냐?" 나는 대답했다. "확실하게 알지 못해 제대로 쓰기가 어려웠습니다." 그 말을 들은 부친이 크게 나무랐다. "애초에 나는 너를 가르쳐 볼 만하다고 여겼는데, 내 희망이 끊어졌구나." 몹시 부끄러워 땀이 등을 흠뻑 적셨다. 나는 그 뒤로 성리학性理學을 공부했고, 시제試題든 제술製述이든 하지 않은 것이 없었다. 그리하여 가끔 동료들에게 과분한 칭찬을 받기도 했지만, 실상 부끄러운 일이었다.
>
> 『이준록』, 「선공사업」

세종 30년(1488) 여름, 성리학 공부에 전념하게 된 계기를 밝히고 있는 대목이다. 그때 김종직의 나이 열다섯이었다. 그리고 이듬해인 세종 31년(1449) 정월, 부친이 개령현감에 제수되어 내려가게 되자 김종직의 삼형제가 모두 개령으로 찾아가서 배웠다. 그러던 중 단종 1년(1453) 스물세 살의 나이로 진사시에 합격하고, 그해 가을 조계문曺繼門의 딸과 혼례를 치렀다. 스물다섯 살 때인 단종 3년(1455)에도 성주교수로 부임한 부친을 찾아가서 배웠는데, 이것이 부친에게의 마지막 배움이 되고 말았다. 이듬해인 세조 2년(1456) 정월 큰형 종석은 합격하고, 자신은 낙방하여 내려오던 중 부친의 사망 소식을 전해 들었던 것이다. 부친의 삼년상을 치르고 난 뒤, 세조 5년(1459) 4월에 열린 식년시에서 스물아홉 살의 나이로 급제했다.

이처럼 김종직은 과거에 급제하기까지 수학 시절의 전부를 부친 김숙자와 함께했다. 그런 만큼 김종직에게 끼친 부친의 영향력은 절대적이었다. 이는 정몽주에 연원을 둔 성리학의 정수가 길재를 거쳐 김숙자에게 이어지고, 그것이 다시 아들 김종직에 의해 계승되었다는 도통道統의 확실한 근거가 되기도 한다. 부친은 『소학』으로 시작되는 학문의 기본으로부터 고도로 이론화된 성리학의 세계에 이르기까지의 전 과정을 절차에 따라 들어갈 수 있도록 길을 이끌어준 유일한 스승이었던 것이다. 부친의 이런 영향력은 도학적 윤리규범을 실천하고 성리학적 학문세계

김숙자의 위패가 모셔진 낙봉서원

밀양 추원재 앞에 있는 점필재 김종직의 흉상

를 형성하는 데만 그치지 않았다. 중앙과 지방에서 관료생활을 하며 지켜야 할 정치가로서의 자세, 그리고 경술과 문장이 어우러진 도문일치道文一致를 지향하는 문장가로서의 태도까지도 이어받았다. 뒷날 홍귀달은 김종직의 삶을 덕행·문장·정사에 모두 뛰어났다고 집약한 바 있는데, 그런 면모는 어린 시절 부친으로부터 엄격하게 배운 학문적 토대가 있었기에 가능했던 것이다.

3. 과거낙방과 과거급제

조선시대 선비들에게 있어 과거는 반드시 거쳐야 할 관문이다. 수신과 제가, 그리고 치국과 평천하라는 유가적 이상을 실현하기 위해서는 과거급제는 필수 과정과도 같은 것이었다. 김종직도 부친에게 오랫동안 수학하며 과거 준비를 착실하게 밟아나갔다. 첫 번째 도전은 열여섯 살 되던 세종 28년(1446)으로 알려져 있다. 부친이 남학교수관南學敎授官으로 있을 때, 서울에서 치러진 사마시司馬試에 응시했던 것이다. 사마시란 생원과 진사를 선발하는 시험으로 소과小科라고도 불린다. 대과大科를 보기 위한 일종의 1차 관문이라 할 수 있다. 결과는 낙방이었다. 하지만 시관을 맡은 김수온金守溫으로부터 "뒷날 문형文衡을 맡은 만한 솜

이현보의 전별연을 그린 「제천정전별연도濟川亭餞別燕圖」. 그림 속의 정자가 제천정이다.

씨이다"라는 극찬을 받았다. 문형은 조선시대 선비들이 가장 영예롭게 생각하던, 예문관과 홍문관을 관장하는 정2품의 대제학을 일컫는다. 그러나 비록 대선배로부터 칭찬을 받긴 했지만, 낙방의 울울함까지 없을 수는 없었다. 그는 한강 가의 이름난 정자 제천정濟川亭에 이런 시 한 수를 지어 걸어 놓고 내려왔다.

눈 속의 찬 매화와 비 온 뒤의 산 경치는	雪裏寒梅雨後山
보기는 쉬우나 그림으로 그려 내긴 어렵다오.	看時容易畫時難
당시 사람들 눈에 들지 않을 줄 알았더라면	早知不入時人眼

차라리 연지 가져다 모란이나 그려 줄 것을. 寧把臙脂寫牧丹

『점필재집』, 「연보年譜」

눈 속에 핀 매화 또는 비갠 뒤의 산처럼 맑고 깨끗한 정취를 담은 시는 알아보지 못하고 모란처럼 화려한 꽃에만 눈길을 주던 당대 문단의 분위기를 신랄하게 꼬집고 있다. 차라리 겉보기에만 번드르르한 시를 지어 주었다면 좋아했을 걸, 하는 마음이 그것이다. 김종직은 경학에 근본을 두고 있어 문장이 전아典雅하다는 평가를 받던 부친에게 시문을 배웠고, 그 또한 어린 시절부터 화려하게 꾸미는 문장보다는 맑은 정신세계를 간직한 전아한 문장을 추구했다. 문文과 도道가 함께 어우러진, 이른바 도문일치道文一致의 문장을 지향했던 것이다. 뒷날, 퇴계 이황이 김종직의 도학적 성취를 "문을 통해 도로 들어갔다"고 평가했던 것도 이런 학문의 연원이 있었기에 가능했다.

첫 번째 도전에서는 이처럼 낙방했지만, 세종 33년(1451) 김종직은 영산훈도靈山訓導에 제수된다. 비록 과거에 급제하지는 못했지만 그 실력만큼은 일찍부터 인정받고 있었다는 반증이다. 실제로 김종직은 단종 1년(1453) 큰형 종석宗碩과 작은형 종유宗裕보다도 먼저 소과 진사시에 합격할 정도였다. 하지만 대과는 달랐다. 세조 2년(1456) 정월에 치러진 식년시 대과에서 큰형 종석은 급제했지만 김종직은 낙방한다. 상심이 컸다. 게다가 낙방하고 돌아오는 길, 고향에 도착하기도 전에 부친의 사망 소식을 전해 듣게 된다.

> 지난해 정월 과거시험을 보기 위해 큰형과 함께 하직인사를 드리자 부친이 술잔을 들어 합격을 기원하며 말했다. "너희 형제가 합격하여 돌아온다면 무슨 걱정이 있겠느냐. 이 술잔으로 너희들을 축복하노라." 내가 평소에는 큰 슬픔이 있더라도 부친의 마음이 상할까 염려하여 눈물을 보인 적이 없었는데, 이때는 나도 모르게 눈물이 흘러내렸다. 마침내 큰형은 부친의 소망을 이루었고, 나는 낙방하여 고향으로 내려오다 황간黃澗에서 비보를 듣게 되었다. 하늘이여, 하늘이여, 이럴 수가 있습니까. 선조여, 선조여, 이럴 수 있습니까. 술잔 잡고 축복하던 말씀이 귀에 쟁쟁한데, 이게 부친께서 영결永訣하던 말씀이 되고 말았습니다.
>
> 『이준록』, 「선공제의先公祭儀」

김종직과 큰형은 노환으로 고향 밀양에서 요양하고 있던 부친에게 하직인사를 드리고 과거를 보러 올라갔다. 하지만 두 아들의 급제를 그토록 기원하던 부친은 그 결과를 보지도 못한 채 눈을 감고 말았다. 합격하고 돌아온 큰형은 큰형대로, 떨어져 돌아온 김종직은 김종직대로 회한의 눈물을 흘리기는 마찬가지였

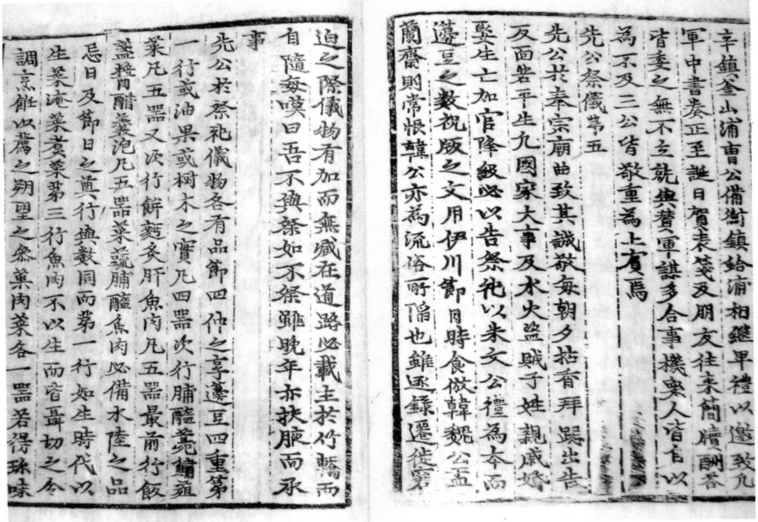

辛鎮釜山浦曹公備衛鎮蛤浦相繼畢禮以邀致凡
軍中書奏正至誕日賀表箋及朋友往來簡牘酬答
者委之無不立就與贊軍謀多合事機衆人皆以
爲不及三公皆敬重爲上賓焉
先公祭儀第五
先公恭奉宗廟曲致其誠敬每朝夕拈香拜跪出告
反面若平生凡國家大事及水火盜賊子姓親戚婚
娶生亡加官降級必以告祭祀以朱文公禮爲本而
籩豆之數祝版之文用伊川節日時食倣韓魏公孟
蘭齋則常恨韓公亦爲流俗所陥也雖逐錄遷徙寄

迫之際儀物有加而無減在道路必載主於竹觭而
自隨每嘆曰吾不換祭如不祭雖晩年亦扶腋而承
事
先公於祭祀儀物各有品節四仲之享籩豆四重第
一行或油果或樹木之實凡四器次行脯醢羹鱐菹
菜凡五器又次行餠麪炙肝魚肉凡五器最前行飯
盞挿匙醋楪沱凡五器菜蔬脯醢魚肉必備水陸之品
忌日及節日之奠行與數同而第一行如生時代以
生菜淹菜羹菜第三行魚肉不以生而皆聶切之令
調烹飪以薦之朔望之奠菓肉菜各一器若得珍味

『이준록』 본문

다. 김종직은 두 형과 함께 부친이 그러했던 것처럼, 무덤 옆에 여막을 지어 놓고 삼년상을 극진하게 치렀다. 그러면서 김종직은 선친의 가계, 연보, 사우, 행적, 그리고 행했던 예법을 꼼꼼하게 기록한 『이준록彝尊錄』을 집필했다. 부친 김숙자의 행적이 인멸되지 않고 후손들에게 길이 전해지기를 바랐던 추모의 마음에서 비롯된 작업이었다. 이 기록은 『소학』이나 『주자가례』의 법도에 맞게 자신을 검속하고 집안을 다스렸던 조선시대 사대부 가문의 전범을 보여 주는 최초의 사례로 평가되기도 한다.

또한 연산군 4년(1504) 무오사화를 일으킨 유자광柳子光은 김종직이 부친의 여묘살이를 하던 세조 3년(1457) 10월에 세조를 비판하는 「조의제문弔義帝文」을 지었다고 주장했다. 하지만 음해로 가득 찬 그의 주장을 사실 그대로 받아들이기 어렵다. 『세조실록』을 살펴보면 세조 3년(1457) 10월 21일 대간을 비롯하여 양녕대군과 영의정 정인지 등이 금성대군과 노산군을 처벌해야 한다고 주장하고 나섰다. 그때 세조는 금성대군과 송현수宋玹壽만을 사형에 처하도록 한다. 다만 그날의 기사 끝에 정확한 날짜를 밝히지 않은 채 "노산군이 그 소식을 듣고 스스로 목매어서 졸하니, 예로써 장사지냈다"라며 모호하게 흐리고 있다. 금성대군과 송현수가 죽은 소식을 듣고 자결했다면, 단종은 10월 21일 이후 상당한 시간이 지난 뒤에 죽은 것이 분명하다. 어떤 문헌에는 10월 24일 교살 당한 것으로 기록되어 있기도 하다. 기록이 불분명하고 엇갈려서 정확한 날짜를 확정하기 어렵지만, 여러 정황을 종합해 볼 때 단종이 죽은 시기는 아무리 빨리 잡아도 10월 말을 거슬러 올라갈 수 없다.

그렇다면 강원도 영월에서 자행된 단종의 은밀한 죽임을 영남 밀양의 산골에서 삼년상을 치르고 있던 김종직이 바로 그 10월에 전해 듣는다는 것은 시간적으로 불가능하다. 단종이 죽임을 당한 10월 말, 그때 단종의 죽음을 소재로 삼아 「조의제문」을 지을 수 없는 까닭이다. 김종직이 여묘살이를 하던 중에 「조의제문」을 지었다는 유자광의 주장은, 김종직과 그의 젊은 제자들을 붕당朋黨의 죄목으로 엮어 일망타진하려 했던 음험한 모함과 터무니없는 날조에 불과하다.

그렇다면 「조의제문」을 지었던 때는 언제일까? 아마도 김종직이 과거를 준비하며 『통감강목通鑑綱目』을 읽고 있던 10대 후반, 곧 "겨울 10월, 서초패왕 항적이 의제를 강중에서 시해하였다"라는 구절을 보고 격분하여 지은 작품으로 보아야 한다.[8] 실제로 김종직은 어른이 되어서도 역사에 대한 관심이 매우 컸는데, 『점필재집』을 보면 역사적 사실을 소재로 삼아 비분강개하며 지은 시문이 매우 많다. 「조의제문」은 부친의 여묘살이를 하던 중 단종의 죽음을 소재로 삼아 세조를 비판하기 위해 지은 작품이 아니라 불의不義의 역사에 충분忠憤을 담아 창작한 젊은 시절의 작품 가운데 하나였던 것이다.

김종직은 부친상을 마친 뒤, 세조 5년(1459) 4월 마침내 문과 식년시에 급제하여 조정에 출사하게 되었다. 첫 번째 받은 벼슬은 승문원承文院의 권지부정자權知副正字였다. 승문원은 성균관·교서관과 함께 삼관三館으로 일컬어질 만큼 중요한 기관이다. 중국을 비롯한 일본·여진 등과 주고받는 외교문서를 관장하는 임무를 맡고 있었던 것이다. 부정자副正字는 종9품의 관직인데, 그 앞에 붙은 '권지權知'란 지금으로 치자면 '임시직' 정도의 의미이다. 뒷날 '사림의 종장' 또는 '백세의 스승'으로 추앙받게 되는 김종직은, 과거에 급제하여 승문원에서 가장 낮은 품계인 종9품 임시직으로부터 관료생활을 시작했던 것이다.

주

4) 『점필재집』, 「윤료가 「선산지리도」를 만들었으므로, 그 위에 절구 열 수를 쓰다」(允了作善山地理圖, 題十絶其上).
5) 『신증동국여지승람』, 「선산도호부」, '인물' 참조.
6) 『점필재집』, 「윤 선생 상의 시집에 대한 서」(尹先生祥詩集序).
7) 『삼강행실도』, 「박선의 여묘살이」(朴善廬墓).
8) 김종직의 「조의제문」 창작 시기를 새롭게 밝힌 최근의 성과에 대해서는 정경주, 「김종직 평전: 조의제문의 10월 어느 날」, 『연보와 평전』 제4호(부산대 점필재연구소, 2010); 정경주, 「점필재 김종직의 「조의제문」의 창작 시기 문제」, 동양한문학회 제113차 추계학술발표대회(2013.10.19.) 참조.

제3장 김종직의 관료생활과 굴곡진 여정

경은 품성이 단정 온순하고 처신하기를 진중하게 하였으며, 학문은 천도天道와 인사人事를 꿰뚫었고 식견은 고금의 이치를 모두 통달하였다. 도덕으로 몸을 꾸미니 찬란함이 구름 사이의 봉황과 같았고, 문장으로 세상을 상서롭게 하니 진실로 하늘 위의 기린과 같았다. 일찍이 태산북두와 같은 명망을 얻었으나 서로가 늦게야 만났도다. 도승지의 지위에 올라서는 왕명 출납을 성실하게 하였고, 이조참판에 발탁되어서는 인사를 공정하게 하였으며, 형조판서로 있을 때는 거울과 같이 명확하게 다스렸고, 성균관에서는 인재를 양성하는 교육의 기풍을 일으켰다.

『성종실록』, 성종 23년(1492) 2월 7일

1. 김종직의 젊은 관료시절

1) 사가독서의 영예와 파직의 경험, 승문원부정자와 사헌부감찰

김종직은 세조 5년(1459) 4월에 열린 식년시에서 33명 중 30등으로 합격했으니, 성적이 좋은 편은 아니었다. 승문원부정자에 임시직으로 제수된 것도 그런 까닭일 터다. 하지만 시험 성적과 학문 능력은 별개인 경우가 많다. 김종직도 그러했다. 과거에 급제한 지 두 달 정도 지난 세조 5년(1459) 6월, 뛰어난 능력을 갖춘 문신에게 잡무를 면제해 주는 대신 학업에만 전념할 수 있도록 배려하는 사가독서賜暇讀書에 선발되었다. 엘리트 중 최고 엘

리트로 인정받은 것이다. 뿐만 아니다. 세조 8년(1462) 5월에는 경연經筵에 참석하여 임금에게 경서經書를 가르치는 문신으로 발탁되었는가 하면, 임금이 베푸는 연회석상에 자주 불려 가는 영예를 누리기도 했다. 벼슬도 차츰차츰 올라 어느덧 정7품 승문원박사가 되어 있었다.

이처럼 탄탄대로의 관직생활을 하던 김종직은 세조 10년(1464)에 천당과 지옥을 오고 갔다. 천당을 맛본 것은 그해 7월이었다. 세조는 재위 기간 동안 젊은 선비를 대상으로 과거시험도 많이 열었지만, 벼슬하고 있는 관료들에게도 시험을 보여 승진할 수 있는 기회를 자주 주곤 했다. 이를 중시重試라고 부른다. 김종직은 7월 23일에 열린 중시에서 좌참찬 최항, 참판 임원준, 판서 김수온과 같은 쟁쟁한 대선배들에 이어 2등으로 합격했다. 실력을 대단하게 인정받았던 것이다. 그에 따른 포상으로 종6품 사헌부감찰司憲府監察로 뛰어올랐다. 하지만 지옥은 나흘 뒤인 7월 27일 바로 찾아왔다. 세조는 학문을 천문·지리·음양陰陽·율려律呂·의약醫藥·복서卜筮·시사詩史 등 일곱 분야로 나눈 뒤, 촉망받는 젊은 문신들을 이들 각각에 여섯 명씩 배치시키고자 했다. 김종직은 사학문史學門에 들어갔다. 김종직으로서는 촉망받는 문사로 뽑혔고, 배치된 학문 분야도 사학이었으니 불만스러울 것이 없었다. 그럼에도 8월 6일, 세조를 윤대輪對하는 자리에서 다음과 같은 간언을 올렸다가 파직되었던 것이다.

> 지금 문신을 천문 · 지리 · 음양 · 율려 · 의약 · 복서 · 시사의 7학으로 나누어 공부하게 하였습니다. 그러나 시사詩史는 본래 유자의 학문이지만, 나머지 잡학雜學이 어찌 선비들이 힘써 배워야 할 학문이겠습니까? 뿐만 아니라 잡학은 각각 업으로 삼고 있는 자들이 있습니다. 만약 권장하고 징계하는 법도를 엄하게 세우고 교양을 더하게 한다면, 이들도 모두 정통하게 될 것입니다. 반드시 문신이라야 잡학을 잘할 수 있는 것이 아닙니다.
>
> 『세조실록』, 세조 10년 8월 6일

김종직이 제기한 논점은 명확하다. 문장과 역사를 공부하는 것은 사대부(儒者)의 본분이지만, 그 외의 잡학은 중인들 몫이라는 것이다. 기실, 조선 초기 사대부 가운데는 시문 외의 여러 학문에 박식한 경우가 많았다. 세종은 물론 세조도 이처럼 여러 방면에 능통한 '통유通儒'를 바람직한 사대부의 모습이라며 우대했다. 하지만 시간이 흐름에 따라 사대부들의 학문적 관심은 점점 시사詩史 부문으로 집중되어 갔다. 김종직이 밝혔듯, 문학과 역사만을 자기 본연의 학문으로 여기게 된 것이다. 세조는 그런 추세가 불만스러웠고, 그래서 뛰어난 능력을 지닌 사대부들이 여러 방면의 학문을 앞장서서 이끌어가야 한다고 생각했다. 하지만 김종직을 포함한 사대부들의 생각은 달랐다. 그들은 조선을 유교문명 국가로 만들기 위해서는 사대부의 자기전문성과 자기정체성 확립이 무엇보다 시급한 과제라고 판단했다. 당시 사대부들이 자기 본연의 학문에 전념할 수 있도록 이들을 존중하고 격려해주어야 한다고 여겼던 것이다.

사헌부감찰의 직임을 맡고 있던 김종직은 이런 당시 사대부들의 여론을 수렴해서 세조에게 간언했던 것이다. 그건, 사헌부감찰로서 자기 본연의 임무이기도 했던 것이다. 두 견해의 옳고 그름을 가늠하기란 쉽지 않다. 세조도 자신의 논거가 분명했고, 김종직도 자신의 논거가 분명했기 때문이다. 물론 시간이 흐름에 따라 사대부들이 문한직文翰職만 중히 여기고 기타 전문기술직은 경시하는 폐단을 보이기도 했다. 하지만 세조의 주장이 관철되었다고 해도 학문을 경시하고 기술만 중시하는 부작용을 불러일으켰을지도 모른다. 사대부에게 잡학까지 학습시키는 것은 학자를 대접하는 도리가 아니라는 하연河演의 반대를 옳게 여긴 세종이 자신의 주장을 철회했던 것도 그런 이유에서였다.[9] 하지만 세조는 달랐다.

> 잡학에 종사하는 자는 모두 용렬한 무리들인지라 마음을 오로지하여 뜻을 다하는 자가 드물다. 그런 까닭에 선비들로 하여금 이것을 배우도록 했던 것이다. 잡학이 비록 비루한 것이긴 하지만, 나도 전에 거칠게나마 그 분야를 섭렵한 적이 있었다.

…… 김종직은 경박한 사람이다. 잡학은 나도 뜻을 두는 바인데, 김종직이 이렇게 말하는 것이 옳은가? 유사에 내려 그 정상을 국문하는 것은 옳다. 그러나 이미 윤대의 법을 세워서 사람들로 하여금 의견을 말하도록 했는데, 말한 자를 죄준다면 언로가 막힐 것이다. 국문은 그만두고 파직을 시켜라.

『세조실록』, 세조 10년 8월 6일

이로 말미암아 김종직은 사헌부감찰에서 파직되는 것은 물론 자신에게 배정된 사학 부문에서도 배제되었다. 세조의 지우를 받으며 자신의 능력을 한껏 발휘하던 김종직이 관료생활에서 맛보았던 첫 번째 시련이었다. 파직당한 김종직은 고향 밀양으로 내려가서 그해 겨울을 보냈다. 아마도 그 시간은 김종직에게 선비의 본분이란 무엇인가를 진지하게 곱씹어보는 계기가 되었을지 모른다. 돌이켜 보면, 그 문제는 김종직 개인의 고민만은 아니었다. 세조와 김종직이 정면으로 맞부딪쳤던 그날의 이견은 사대부 지배 하의 조선사회가 나아가야 할 방향을 결정짓는 중차대한 분기점이기도 했다. 그때 김종직이 강조했던 당대 최고 지식인으로서의 '자존自尊'와 '자각自覺', 이것은 조선시대 선비들이 한시도 놓지 않고 간직했던 이른바 선비정신의 핵심이었던 것이다.

2) 서울의 파직생활과 영남에서의 현실체험, 영남병마평사

선비의 본분이 무엇인가를 둘러싼 문제로 사헌부감찰에서 파직당한 김종직은 약 1년 반 정도 '백수 시절'을 경험해야 했다. 김종직의 나이 서른다섯 살 때였다. 한겨울을 고향 밀양에서 보내고 난 뒤 봄에 무작정 서울로 올라왔지만, 상황은 녹록지 않았다. 식량이 떨어졌을 때는 지인이 은밀히 보내 준 쌀로 끼니를 때워야 했고, 굶주림을 견디다 못한 종놈이 도망가는 바람에 땔감 걱정까지 해야 했다. 아무 벼슬도 없이 백수로 서울에서 생활해 나가기란 예나 지금이나 힘들기는 마찬가지였다. 김종직은 이처럼 힘든 서울 생활을 견디지 못해 고향으로 도로 내려가고도 싶었다. 하지만 그럴 수 없었다. 모친이 한사코 말렸기 때문이다. 김종직은 오도 가도 못하는 참담한 심경을 이렇게 길게 토로했다.

……	……
나에게 한 뙈기 땅과 집이 있으니	我有一畝宮
아스라한 밀양 응천凝川 물가라오.	縹渺凝川潯
개미도 자기 집으로 가는데	蚍蜉尙適垤
허둥대며 사는 뜻을 추스를 길 없네.	栖栖意靡任
서울을 차마 떠나지 못하고	華山不忍訣

객지에서 오래 머물고 있네.	旅食久滯淫
어머니께서 편지 부쳐 와서	慈母附書至
너는 고향에 연연하지 말거라.	爾無戀故林
어찌하여 그릇된 계책을 내어	胡將紕繆策
밝은 시절에 은거를 생각하느냐.	明時空陸沈
진실로 작은 봉록이라도 얻는다면	苟得三釜養
이는 내게 증삼曾參 같은 효자니라.	是亦吾曾參
말씀 받자옵고 더욱 복받쳐 오르니	服膺更激昂
눈물은 어이 그리 줄줄 흐르는가.	流淚何涔涔
나를 천거해 줄 사람도 이미 없고	先容旣乏人
하늘의 뜻도 또한 믿기 어려워라.	天意又難諶
함께 급제한 벗은 모두 현달해져	同門盡融顯
흉금 터놓고 이야기할 곳조차 없네.	無地傾胸襟
……	……

『점필재집』, 「동무음東武吟」

시의 내용으로 미루어 보건대, 김종직은 서울의 객지생활을 견디기 힘들어 고향으로 내려갈 뜻을 내비쳤던 듯하다. 하지만 모친은 단호하게 반대하는 편지를 보내왔다. 밝은 성세에 은거를 생각해서는 안 된다고, 낮은 관직이라도 괜찮으니 어떻게든 버텨 보라고. 백수로 지내는 서울에서의 고생을 모르는 바 아니지만, 낙향한다고 해서 해결될 일도 아니었다. 무슨 수를 써서라도 서울에서 버텨야 했다. 김종직도 그러고자 했다. 하지만 서울의 백수 생활을 지내면서 문득, 김종직은 자신을 돌보아 줄 든든한 후원자 하나 없다는 사실을 깨달았다. 게다가 함께 관직에 진출한 동료들은 대부분 현달하게 되어, 백수 생활을 하고 있는 자신을 돌아볼 겨를도 없었다.

적막한 백수의 서울 생활. 당시의 김종직은 앞에서 끌어 줄 선배도 없고 옆에서 힘이 되어 줄 동료도 없는, 영남 밀양에서 올라온 '촌놈', 조금 좋게 표현하면 '시골선비' 였던 것이다. 그러던 중 세조 12년(1466) 2월, 마침내 영남병마평사嶺南兵馬評事에 제수되었다. 평사는 정6품의 무관직에 불과했지만, 절도사를 보좌하면서 각급 고을을 순시하고 수령을 규찰하는 권한을 가진 요직이었다. 그때 모신 절도사가 제2대 임금 정종의 손자이자 좌명공신에 봉해진 진례군進禮君 이형李衡이었던 만큼 위세도 당당했다. 실제로 김종직의 호기로운 발길은 울산 · 경주 · 상주 · 영천 · 예천 · 양산 · 동래 · 안동 등 영남지역 전역에 두루 미치고 있다. 그러는 동안 벼슬 없이 백수로 지내던 서울생활의 울울한 기억도 점차 사라졌다. 때론, 절도사와 사냥을 하면서 다음과 같은 호사를 누려 보기도 했다.

바닷가 숲은 짐승들 사냥할 만하여 海上山林獸可蒐

장군의 작은 부대가 새벽에 출발했네. 元戎小隊曉鳴騶
방암方巖 입구의 들판은 안개로 자욱하고 烟蕪莽蒼方巖口
석보石堡 어귀에는 흰 물결로 파도치네. 雪浪舂撞石堡頭
몰이꾼이 삼면으로 그물처럼 노루를 몰고 三面網羅驅赤吏
양쪽에서 부는 피리소리 수신水神도 놀랄 듯. 兩行鼓角動陽侯
사냥을 마치고 나서 금빛 술잔을 주고받으니 長圍纔罷揮金椀
빈한했던 지난 시절 놀이를 뉘라서 기억할까. 誰記酸寒舊日遊

『점필재집』, 시집, 「절도사를 따라 석보에서 사냥하며」(從節度使, 獵於石堡)

절도사의 병영이 있던 울산 근처 석보石堡에서 사냥을 마친 뒤 벌이고 있는 흥겨운 술자리의 정경이 눈에 선하다. 김종직은 이렇듯 영남지역에서의 2년 동안 호기로운 시간을 자주 가졌다. 그리고 병마평사의 임기를 마친 뒤, 모든 문사들이 선망하는 예문관수찬藝文館修撰에 제수되어 서울로 복귀하게 되었다. 아내와 헤어지는 섭섭함이야 물론 있었겠지만, 외직을 마치고 내직으로 올라가는 발길은 무척 가벼웠다. 충주에 도착했을 때는 수령이 맞이하여 주연을 베풀어 주기도 했다. 하지만 김종직은 그곳에서 충격적인 광경을 목도한다. 충주에는 경상도와 충청도의 여러 고을에서 거두어들인 전세田稅를 집결해 두었다가 서울로 보내는 가흥창可興倉이 있었다. 마침 영남의 전세를 서울로 옮기고 있었는데, 그 광경은 참혹했다. 김종직은 그 모습을 「가흥참可興

站」이라는 시로 읊었다. 서두부터 무척 단호하다.

우뚝 솟은 저 계립령은	嵯峨鷄立嶺
예로부터 남과 북을 갈라놓았네.	終古限北南
북쪽 사람들은 다투어 호사 누리며	北人鬪豪華
남쪽 사람들의 고혈을 빨아먹었지.	南人脂血甘

『점필재집』, 「가흥참可興站」 첫대목

경상도에서 서울로 가기 위해서는 반드시 높은 고개를 넘어야만 한다. 김종직도 낙동강 뱃길로 현풍 · 합천을 거슬러 올라간 뒤, 험준한 조령을 넘어 충주로 왔다. 다시 남한강 뱃길을 이용해 한양으로 들어갈 참이었다. 김종직이 제1구에서 올려다보고 있는 계립령도 경상도 문경에서 충청도 충주로 넘어가는 고개인데, 요즘은 '하늘재' 로 불리고 있을 만큼 높이가 아득하다. 온달이 고구려의 고토였던 계립령의 서쪽 지역을 되찾기 위해 전투에 나섰다가 죽은 일화로도 유명하다. 계립령은 역사적으로 고구려와 신라의 경계가 되었듯, 충청도와 경상도를 가로지르는 고개였던 것이다. 하지만 단순한 지리적 경계만은 아니었다. 남쪽 사람과 북쪽 사람, 곧 전세를 바치는 궁핍한 자와 전세를 받아서 호의호식하는 부유한 자를 구분 짓는 상징이기도 했다. 남쪽 사람이 겪고 있는 참상은 이러했다.

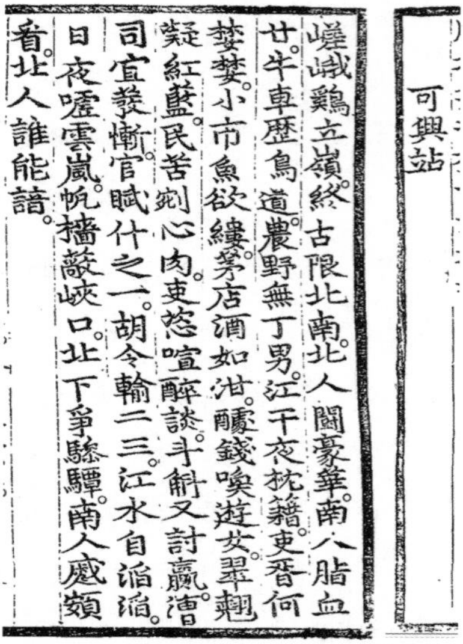

可興站

巉峨鷄立嶺。終古限北南。北人鬬豪華。南人脂血甘。牛車歷烏道。農野無丁男。江干夜枕籍。吏胥何婪婪。小市魚欲縷。茅店酒如泔。醵錢喚遊女。翠翹凝紅藍。民苦剜心肉。吏恣喧醉談。斗斛又討嬴。漕司宜發慚。官賦什之一。胡令輸二三。江水自滔滔。日夜噎雲嵐。帆檣蔽峽口。北下爭驂驒。南人蹙頞看。北人誰能諳。

『점필재집』, 「가흥참」 원문

우마로 험난한 산길을 지나야 하니	牛車歷烏道
들판에는 장정 남자가 하나도 없네.	農野無丁男
밤이면 강가에서 서로 뒤엉켜 자니	江干夜枕籍
아전들은 어찌 그리도 탐욕스러운가.	吏胥何婪婪
작은 시장엔 생선을 가늘게 회치고	小市魚欲縷
초가 주막집 술은 뜨물처럼 하얗네.	茅店酒如泔
돈 거두어 노는계집 불러오니	醵錢喚遊女
머리꾸미개에 붉은 연지 발랐네.	翠翹凝紅藍

백성들은 심장을 도려내듯 괴로운데	民苦剜心肉
아전들은 방자히 취해서 떠들어대네.	吏恣喧醉談
게다가 남은 곡식 죄다 수탈해 가니	斗斛又討贏
조사漕司는 의당 부끄러워해야 하리.	漕司宜發慚
관아에서 부과한 건 십분의 일인데	官賦什之一
어찌하여 이분 삼분까지 거둬 가는가.	胡令輸二三

『점필재집』, 「가흥참可興站」 중간대목

낙동강 수로를 이용해 상주 낙동나루(洛東津)까지 실어 온 영남의 전곡을 서울로 운반하기 위해서는 우마에 싣거나 지게로 지고 육로를 따라 계립령을 넘어야 했다. 한창 때는 짐꾼이 700명이 넘었다고 하니, 그 광경을 가히 짐작할 만하다. 힘겨운 전곡을 나르기 위해 모두 동원되어, 논밭에는 일하는 장정이 하나도 없을 정도였다. 힘겨웠을 하루의 일을 마치고도 편히 자지 못하고, 강가에 널브러져 밤잠을 청하며 지친 육신을 쉬어야만 했다. 하지만 아전들은 이런 고통도 아랑곳 않은 채, 곱게 화장한 기생을 불러다 놓고 술판이 한창이다. 게다가 서울에서 파견된 관리들은 세금 긁어 가기에 혈안이 되어, 본래 정해진 10분의 1보다 많은 10분의 2~3까지 거두어 가기 예사였다. 김종직이 남쪽 사람들의 고혈을 짜내어 호사를 누리고 있는 북쪽 사람들에게 분노하지 않을 수 없었던 까닭이다. 마지막을 이렇게 끝맺고 있다.

강물은 도도히 흐르고	江水自滔滔
밤낮으로 구름과 이내가 끼는구나.	日夜嘘雲嵐
돛대가 협곡 어귀를 가득 덮으며	帆檣蔽峽口
북쪽에서 내려와 다투어 실어 가네.	北下爭駸驔
남쪽 사람들 얼굴 찡그리며 보는 것	南人蹙頞看
북쪽 사람들 그 누가 알기나 할까.	北人誰能諳

『점필재집』, 「가흥참可興站」 끝대목

도도히 흐르는 남한강, 그리고 전세를 싣고 강을 가득 메운 채 내려가는 세곡선. 김종직은 다시 한 번 첫머리에서 제기했던 남쪽과 북쪽의 대립을 상기시킨다. 강을 뒤덮은 저 많은 배들은 남쪽 사람의 고혈을 짜내어 북쪽 사람, 곧 서울사람을 살찌우러 가는 고통의 행렬이었다. 뒷날 김종직은 도승지가 되었을 때, 서울의 훈구대신들로부터 '경상선배당'(慶尙先輩黨)이라 비아냥거리는 소리를 듣기도 했다. 하지만 경상도에서 나고 자란 20대 말까지의 수학시절, 경상도 전역을 순시했던 2년간의 영남병마평사 시절, 그리고 함양군수와 선산부사 등을 전전했던 10여 년 동안의 지방관 시절 등, 김종직은 경상도의 간난을 실제 체험으로 간직한 인물이다. 따라서 권력과 재물을 틀어쥐고 떵떵거리던 서울의 훈구공신들과 달리, 남쪽 지역 백성이 겪고 있는 참혹한 현실을 고발하고 있는 김종직의 비판정신은 어찌 보면 당연한 분노이기도 했다. 이런 분노를 품고 김종직은 남한강을 따라 서울로 들어갔다. 김종직의 나이 38세 되던, 초여름이었다.

2. 김종직 중년의 관료시절

1) 함양지역의 교화와 조정의 견제, 함양군수

김종직은 세조 14년(1468) 4월 9일 영남병마평사를 마치고 서울로 돌아왔다. 그리고 성종 1년(1470) 12월 함양군수에 제수되어 서울을 떠나기까지 약 2년 반 남짓한 시간을 전교서典校署에 근무하며 비교적 평온하게 지냈다. 전교서는 경서經書와 사적史籍을 인쇄하고 반포하던 부서였으니, 보고 싶던 서책도 맘껏 볼 수 있었다. 그 사이 경차관敬差官이 되어 한 달 남짓 충청도지역을 순시하기도 하고, 일본사신 원교직圓教直을 동래까지 호송했다가 돌아오는 길에 밀양에 들러 모친을 문안하기도 했다. 하지만 조정의 상황은 무척 급박하게 돌아가고 있었다. 세조가 죽어 예종이 즉위하고, 예종도 즉위한 지 1년 3개월 만에 급서하여 열세 살 어린나이의 성종이 보위에 오르는 등, 왕위가 세 번이나 바뀌었던 것이다.

남이南怡의 역모를 잘 처리했다고 하여 예종 즉위년(1468) 10월 실시한 익대공신翊戴功臣 책봉과 어린 임금을 잘 보필했다고 하여 성종 2년(1471) 3월에 실시한 좌리공신佐理功臣 책봉은 급박했던 당시의 정치 상황을 보여주는 단적인 사례이다. 그리고 이때의 공신책봉에 모두 이름을 올린 신숙주 · 한명회 · 정인지 · 정창손 등은 이미 세조 때에도 정난공신 · 좌익공신 · 적개공신으로 책봉된 적이 있던 인물들이다. 특히 좌리공신에 책봉된 75인 가운데 39인은 이미 한 번 이상 공신에 책봉된 인물이었고, 신숙주와 두 아들, 이극돈의 삼형제, 한명회 부자, 정인지의 두 아들 등 매우 가까운 친인척 관계에 있는 사람이 동시에 책봉된 경우도 28인에 달했다. 조정의 정치권력은 이런 소수의 훈구공신들에 의해 완벽하게 장악될 수밖에 없었다. 특히, 어린 나이에 왕위에 오른 성종은 즉위 이후 성인이 되기까지 7년 동안 이들 훈구공신 가운데 신숙주 · 한명회 · 구치관 · 홍윤성 등 9인을 원상院相으로 삼아 정치를 맡겨야 했을 정도였다.

이런 위태롭고 파행적인 정치적 상황의 변화에도 불구하고 김종직은 자신의 학문을 인정받으며 잘 지내고 있었던 것처럼 보인다. 성종 1년(1470) 4월 재주와 행실을 겸비한 젊은 선비 15인을 예문관겸관藝文館兼官으로 선발할 때, 김종직도 당당히 이름을 올렸다. 세조가 혁파한 집현전의 기능을 되살리기 위해, 성종 9년(1478) 설립하게 되는 홍문관弘文館 전신의 일원으로 뽑힌 것이다. 당시 사람들은 이때 선발된 젊은 문신들을 가리켜 "영주에 올랐다"(登瀛洲)[10]며 부러워했다. 영주는 신선이 살고 있다는 전설상의 산인데, 김종직과 같은 젊은 선비를 신선에 견주었던 것이다. 실제로 뒷날 홍문관은 영각瀛閣·옥당玉堂·옥서玉署라는 영예로운 별칭으로 불렀다.

그런데 몇 달 지나지 않아 이런 영예를 뒤로한 채, 함양군수에 제수되어 서울을 떠나게 된다. 김종직은 스스로 늙은 모친의 봉양을 위해 세 번이나 자원했다고 밝히고 있지만, 그게 이유의 전부였는지는 믿기 어렵다. 복잡하게 돌아가던 당시의 정치상황과 무관하지 않다는 느낌을 지울 수 없는데, 한 해에 2남 1녀를 잃는 슬픔을 견디지 못하여 함양군수직을 사퇴하려던 즈음 강희맹에게 보낸 편지에서 이때의 심경을 다음과 같이 술회하고 있다.

> 지난번에 늙은 모친 때문에 돌아가기를 요청하자, 조정에서 내가 외람되이 경연에서 임금을 모셨는데 갑자기 한적한 곳에 둘 수 없다는 이유로 군이 한 군郡을 맡기어 영화롭게 해 주었습니다. 이미 한강을 건너 남쪽으로 와서는 장차 다시 이 물을 건너서 도성의 문을 들어가지 않으리라고 생각하였습니다. 다

행히 맑은 시대를 만나서 의당 이렇게 떠나서는 안 되는 일이지만, 저의 분수와 자격을 헤아려보면 진실로 타당한 생각이었습니다.

『점필재집』, 「진산군에게 답하는 글」(答晉山君書)

예문관겸관에 뽑혀 어린 성종을 경연에서 모시던 영예로움에도 불구하고 노모 봉양을 이유로 거듭 사퇴를 청하자 다행스럽게도 고향과 가까운 함양의 수령으로 임명해 준 사실을 담담하게 토로하고 있다. 그럼에도 김종직은 다시는 서울로 돌아가지 않으리라 결심하고 있었을 만큼, 그 이상의 복잡한 사정도 있었음을 저간의 문맥에서 읽어낼 수 있다. 더욱이 성대한 시대를 떠나서는 안 되는 줄 알지만, 자신의 분수와 능력을 헤아려보면 그게 옳은 판단이었다는 대목에 이르면 할 말 많지만 모두 털어놓을 수 없던 김종직의 울울함이 짙게 느껴진다. 실제로 김종직이 만년에 늙고 병들어 밀양으로 낙향했을 때, 성종은 "일찍이 태산북두와 같은 명망을 얻었으나 서로가 늦게야 만났도다"라고 안타까워했다. 김종직은 함양군수가 되어 지방으로 내려온 뒤 12년 동안이나 성종을 가까이에서 모실 수 없었던 것이다. 서울로의 복귀는 그만큼 쉽지 않았다.

하지만 그런 미래의 일을 뒤로 한 채 성종 2년(1471) 봄날, 같은 날 지방수령으로 발령 받은 허혼許混과 다음과 같은 다짐을 하며 함양으로 내려갔다.

옥당玉堂에서 몇 년간 임금님 가까이 모시다가　金馬幾年爲近侍
부모 위해 군수 청하는 글 세 번이나 올렸네.　思親乞郡已三章
동헌 앞엔 송사 해결해 주어 기쁜 웃음이 있고　堂前喜有平反笑
조세 독촉으로 매 맞는 백성 없게 해야겠네.　水上忍照差科瘡
흉년에는 구휼의 계책 극진히 다해야 하고　歲荒要盡崇安策
정사 잘 거행되면 강가에서 술잔 기울이리라.　政擧須揮北海觴
내일이면 한강의 강변길을 거닐면서　明日漢江江畔路
버들눈이 노랗게 흔들리는 걸 보게 되리라.　共看楊柳眼搖黃

『점필재집』, 「금산군수 허혼의 시권에 쓰다」(書許金山混詩卷)

김종직은 세 가지 다짐과 한 가지 희망을 품고 함양군수로 내려왔다. 백성들에게 억울한 송사가 없게 할 것, 조세를 가혹하게 거두어들이지 않을 것, 흉년에는 굶주린 백성을 빠짐없이 구휼할 것, 이 세 가지 다짐. 그리고 정사를 하는 여가에 자연과 벗하며 한가롭게 지내겠노라는 희망. 비록 온전한 본의는 아니었지만, 지방관으로 첫 발령을 받은 김종직은 의욕과 기대로 마음을 다잡았다. 그리하여 울울한 심경을 털어버리고 각오를 새롭게 했다. 김종직은 강희맹에게 함양으로 내려온 이후, 지방관으로서의 자세와 실천을 이렇게 했노라고 회고했다.

그런데 인수인계를 마치고 나서는 늙은 모친을 모셔다가 고을 수령으로 있으면서 봉양하니, 마음이 자못 편안하였습니다. 그리하여 하늘같은 성은聖恩에 보답할 것을 생각하고, 왕화王化에 도움이 되는 정교政敎를 힘써 하지 않은 것이 없었습니다. 다만 대강大綱은 바르더라도 절목節目이 소루하여 백성들이 모두 복종하지 않은 건 아쉽습니다. 하지만 관청의 자질구레한 사무는 향리에게 경계하여 지체되지 않게 하고, 지방감찰관이 갑자기 순찰을 오더라도 위의를 갖추고 맞이하여 조금도 부끄럼이 없게 했습니다.

『점필재집』, 「진산군에게 답하는 글」(答晉山君書)

김종직은 함양군수의 임기를 마칠 즈음, 최고의 고과考課를 받았을 만큼 첫 번째 지방관 시절을 성공적으로 보냈다. 당시에는 고을사람들이 생사당生祠堂을 세워 추모하고, 지금도 함양에서는 김종직의 군수 시절을 자랑스럽게 기억하고 있을 정도다. 앞서 살펴보았듯, 김종직은 어린 시절부터 영남에서 성장하며 지역의 현실을 직접 체험하고, 그것을 개선할 구체적 방안을 가지고 있었기에 가능했을 것이다. 더욱이 김종직은 부친 김숙자를 따라다니며 지방관으로서의 자세를 일찍이 보고 배우기도 했었다. 부친은 지방관으로 부임할 때마다 다음과 같이 다짐했다고 한다.

선공께서는 두 번 현감縣監이 되었다. 그때마다 이르기를 "토지가 있고 백성이 있으니, 여기에서도 나의 학문을 실행할 수 있다" 하고는, 혁혁한 명성을 추구하지 않고 오로지 저속한 풍속을 고치고 육행六行 일으키는 것을 으뜸의 임무로 삼았다.

『이준록』, 「선공사업」

부친 김숙자는 세종 24년(1442) 고령현감과 세종 31년(1449) 개령현감 등 두 차례의 지방관을 지냈다. 김숙자는 그때마다 유자의 학문이란 조정에서 벼슬할 때만 펼칠 수 있는 것이 아니라 지방수령으로 있으면서도 펼칠 수 있다고 확신했다. 그리하여 저속한 지방 풍속을 교화하고 육행六行을 일으키는 것을 지방관의 중요한 책무로 삼았다. 땅이 있고 백성이 있으니 여기에도 학문하는 선비가 마땅히 감당해야 할 임무가 있다고 자부했던 근거이다. '육행' 이란 『주례周禮』에서 제시된 항목으로, 부모에게 효도하는 것(孝), 형제간에 우애 있는 것(友), 친족 사이에 화목한 것(睦), 인척 사이에 화목한 것(婣), 다른 사람을 위해 애쓰는 것(任), 궁핍한 자를 구휼하는 것(恤)을 가리킨다.

이런 부친의 지방관 시절을 직접 지켜볼 수 있었던 김종직은 함양군수 시절, 보고 배웠던 것을 그대로 실천할 수 있었다. 김종직은 직접 차밭을 조성하여 공물 진상의 어려움을 해결하고,[11] 함양성의 나각羅閣을 기와로 바꾸어 해마다 지붕을 새로 이어야 하는 민력民力을 줄이고,[12] 「함양군지도咸陽郡地圖」를 작성하여 부역과 조세를 공정하게 부과하고,[13] 기로연耆老宴과 향음주례鄕飮酒禮를 베풀어 지역의 풍속을 교화하고,[14] 향교와 문묘를 정비하여 교육의 기능을 획기적으로 일으키는[15] 등 지방관으로서 탁월한 능력을 발휘했다. 그 결과 함양군수 5년의 임기를 마쳤을 때 십고십상十考十上의 최고 성적을 받아 종3품 승문원참교承文院參校로 승진할 수 있었다.

볼품없이 늙은 마흔 여섯 나이에	龍鍾四十六
비로소 붉은 도포를 입게 되었네.	身始着紅袍
허리에 찬 금대金帶는 환히 빛나건만	燦燦腰間荔
양쪽 귀밑머리에는 백발이 성성하구나.	星星兩鬢毛
어머니께서 분에 넘치는 복을 걱정하시니	萱闈憂福過
조정 반열에 높이 날아오른 것 깨달겠네.	鷺序覺飛高
나는 조금도 잘한 것이 없으니	片善吾無有
도리어 십고十考의 포상이 부끄럽구나.	還慚十考褒

『점필재집』, 「함양군 아전 연남이 한양에서 교지를 받들고 왔는데, 십고의 성적에 따라 통훈대부에 올리고 특지로 지승문원사에 제수했다」(郡吏延男, 自京捧官敎來, 以十考陞通訓, 特旨拜知承文院事)

성종 6년(1475) 12월 말의 일이었다. 함양군수의 임기를 마친 김종직에게 종3품으로 승진시킨다는 교서가 내려졌다. 김종직은 이제 홍포를 입고 금대를 차게 되었고, 모친은 과분한 복록을 조심하라며 당부하기까지 했다. 오랜 기간 동안 지방관으로 있다가 서울로 복귀하는 것이니 기뻐할 만도 했다. 하지만 귀밑머리가 허옇게 센 마흔 여섯의 늙은이라는 사실을 들먹이며 자신의 처지를 자조적으로 읊고 있는 것을 보면, 왠지 그다지 기뻐하지 않는 것처럼 읽힌다. 그건, 까닭이 있다. 함양군수로 부임한 지 2년 반쯤 지난 성종 4년(1473) 7월 18일, 성종은 경상감사 정효상鄭孝常이 추천한 일곱 명의 수령에게 포상을 하겠다는 전교를 내렸다. 함양군수 김종직도 당연히 포상 대상에 올라있었다. 하지만 며칠 뒤, 대사헌 서거정徐居正이 이의를 제기하고 나섰다. 감사 한 사람의 추천만 듣고 지방수령에게 포상을 해서는 안 된다는 논리였다.[16] 그리하여 포상은 물론 내심 기대했을 법한 서울로의 복귀가 미루어진 적이 있었다.

이런 사태를 지켜보면서 김종직은 무척 울울했다. 엎친 데 덮친 격으로 성종 5년(1474) 2월 막내아들 목아木兒가 다섯 살 어린 나이에 죽고, 그해에 1남 1녀가 또 뒤따라 죽었다. 김종직은 가눌 수 없는 깊은 슬픔에 빠져들었다. 결국 사직서를 올리고 처가가 있는 금산金山으로 돌아가기도 했다. 마침 함양에서 모친상을 치르고 있던 조정의 원로 강희맹과 경상감사 정효상의 간곡한 만류로 복귀하긴 했지만,[17] 김종직의 함양군수 시절 후반기는 공적으로든 사적으로든 무척 힘든 시기였다. 더욱이 함양군수 임기가 만료되었을 때, 자신을 둘러싸고 조정에서 오고갔던 인사문제는 김종직을 더욱 착잡하게 만들었다.

> 이번 정사政事에서는 함양군수 김종직이 만기를 채워 마땅히 옮겨야 했다. 이조에서 사재첨정司宰僉正으로 보내고자 하였다. 이에 임금이 전교를 내렸다. "내가 들으니 김종직은 문학文學이 있고 고을을 잘 다스렸다고 한다. 그를 삼품직三品職에 제수하고, 이어 승문원참교承文院參校 겸 지제교知製敎에 임명하게 하라."
>
> 『성종실록』, 성종 6년 12월 28일

함양군수 임기를 마친 김종직을 이조에서는 사재첨정司宰僉正의 자리로 보내려고 했다. 그러자 성종이 가로막고 나섰다. 문학에 뛰어나고 지방관으로서의 성적도 우수한 김종직에 대한 인사가 부당하다고 판단했던 것이다. 이에 직접 나서서 3품직의 승문원참교 겸 지제교에 임명하라고 전교를 내렸다. 보기 드문 사례이다. 이조와 성종이 벌인 이런 논란을 이해하기 위해서는 당시의 품계 및 직책에 대해 잠시 살펴볼 필요가 있다. 우선, 이조에서 김종직을 보내려 했던 사재감司宰監은 궁중의 어류·육류·소금·땔나무 등을 관장하는 부서이다. 문학에 뛰어났던 김종직과는 전혀 어울리지 않는 직무이다. 게다가 종4품직인 함양군수를 5년 동안 지냈는데도 불구하고 다시 똑같은 품계인 종4품의 사재첨정에 임명한다는 것은 더욱 납득할 수 없다. 외직을 마치고 내직으로 복귀하면 한 품계 올려주는 것이 당대의 관례였기 때문이다.

보다 못한 성종이 직접 나서서 김종직에게 3품직을 제수하고 승문원참교 겸 지제교에 임명하라는 분부를 내리지 않을 수 없었던 까닭이다. 승문원참교는 외교문서를 관장하는 주요 직책이고, 지제교도 왕이 내리는 교서를 짓는 주요 직책이다. 성종은 능력 있는 김종직을 자기 곁에 불러두고 싶었다. 그런데도 조정으로의 조기복귀를 저지한다거나 자질구레한 잡무를 처리하는 사재감으로 보내 버리려 했던 데서, 촉망 받는 김종직에 대한 훈구대신들의 견제 분위기를 확인할 수 있다. 함양군수를 마친 김종직은 노회한 훈구공신들의 노골적인 배척과 젊은 임금 성종의 전폭적인 기대가 맞부딪치고 있는 복잡한 정국의 한복판으로 올라오고 있었던 것이다. 김종직의 나이 45세, 성종의 나이 19세였다.

2) 중앙복귀의 좌절과 거듭된 지방관직, 선산부사

성종 7년(1476) 봄, 함양군수의 임기를 마친 김종직은 성종의 기대를 받으며 서울로 돌아왔다. 무려 6년 만이었다. 성종이 이조의 주장을 꺾으며 직접 승문원 겸 지제교로 불러들였으니 중앙 조정에서의 두드러진 활약이 기대될 법도 했다. 하지만 그렇지 못했다. 제대로 뜻을 펼쳐 보기도 전, 그해 8월 다시 지방관으로 내려가게 된다. 선산부사에 제수되었던 것이다. 만기를 채우고 지방관에서 올라왔다가 불과 서너 달 만에 다시 지방관으로 내려가는 것은 보기 드문 사례이다. 무슨 사연이 있었던 것일까? 김종직은 함양군수로 부임할 때와 마찬가지로 모친 봉양을 위해 자청했다고 밝히고 있다. 하지만 선산부사로 내려가면서 지은 시편을 보면, 이번에도 그게 진짜 이유는 아닌 듯하다.

선산부사 인끈 품고 도성을 떠나	懷紱出闉闍
화물 나르는 배에 병든 몸 실었네.	貨舟寄病軀
강 한가운데의 석양빛은 아름답고	半江夕陽好
작은 언덕의 초가 정자는 외롭구나.	小塢茅亭孤
벽불闢佛 상소 올려 파직당한 것이 아니라	非爲疏佛骨
단지 늙은 모친 봉양하러 떠나가는 것이라네.	聊將弄烏雛
산중의 노인에게 물어 보노라	借問山中叟
누가 한가롭게 은거했던 사람을 좇겠는지.	誰踵楊花徒

『점필재집』, 「저자도를 지나며」(過楮子島)

김종직이 서울을 떠나던 날, 두모포豆毛浦에서 배를 타고 삼전도三田渡 부근 저자도楮子島를 지나면서 지은 시이다. 당나라 한

유韓愈처럼 불교를 배척하는 「불골표佛骨表」를 올렸다가 조주자사潮州刺史로 쫓겨가는 것이 아니라 노모 봉양을 위해 선산부사를 자청해서 내려가는 것이라며 애써 자위하고 있다. 하지만 전체적인 분위기로 보건대, 진짜 이유는 좌천당해 내려가는 것이었다. 실제로 다음날 여주 청심루淸心樓에서 지은 시에서는 "귀양가게 되어서야 비로소 강산을 감상할 수 있게 되었네"(謫來纔得賞江山)라고 하면서, 선산부사로의 부임을 '귀양'(謫)이라 적시하고 있다. 선산부사로 좌천된 사실을 밝힐 결정적 증거는 없지만, 짐작 가는 대목은 있다. 선산부사로 내려가기 몇 달 전 김종직과 절친했던 홍귀달洪貴達이 경연에서 성종에게 중시重試 폐지를 건의할 때, 김종직의 이름도 거론되고 있는 것이다.

> 홍귀달이 아뢰기를 "과거시험은 아주 옛날에는 없던 제도입니다. 다만 한나라 · 당나라에서 선비를 뽑을 때 오직 과거에 의지하였으니 과거를 폐지할 수는 없습니다. 하지만 중시重試라는 제도는 중국에 없었습니다. 문사들이 배우는 데 뜻을 두고 있다면 어찌 중시가 있고 없음에 따라 부지런하거나 게을러지겠습니까? 중시가 있음으로 말미암아 선비들 사이에 승진만을 다투는 폐단이 발생하게 되었으니, 이 제도는 없애는 것이 좋겠습니다" 했다. 임금이 말하기를 "김종직도 윤대輪臺에서 중시를 폐지하자고 청했다. 비록 그렇지만 대전大典에 실려 있

다" 하였다.

『성종실록』, 성종 7년 3월 11일

김종직이 함양군수를 마치고 서울로 복귀한 직후의 일이다. 사관은 위의 기사 아래에 "홍귀달과 김종직이 서로 의논하여 중시에 응하지 않으려고 했기에 이러한 건의가 있었던 것이다"라는 사평을 달아두고 있다. 이들 두 사람이 시험 응시를 거부하며 없애자고 건의했던 중시重試란 조정의 관리를 대상으로 보이는 일종의 승진시험이다. 물론, 성적이 우수한 관리들에게는 정3품 당상관으로 승진시켜 주는 포상을 내렸다. 하지만 중시는 관리들로 하여금 학문에 정진하게 하는 긍정적인 효과보다는 승진을 위해 악용되는 폐단이 더욱 컸다. 홍귀달과 김종직이 중시를 폐지해야 한다고 주장했던 까닭이다. 다음 기사를 보면 그 폐단이 얼마나 심각했는지 확인할 수 있다.

책문策問을 내자 문사들이 모두 승진하기를 희망하여, 다른 사람의 손을 빌려 작성한 자가 절반이나 되었다. 또한 위세가 있는 자들이 시권試券의 끝에 이름을 적어 두면, 시관들은 이름을 먼저 보고 위세가 있는 자 가운데 글이 조금이라도 괜찮으면 드러내어 칭찬하여 거두고 위세가 없는 자의 글은 물리쳤다. 마지막에 가서 합격하여 가자加資를 받는 자는 권문세가의 친척 · 친구의 무리들뿐이었다.

『세조실록』, 세조 10년 7월 23일

위에서 보듯, 중시는 훈구공신이 자신의 권세를 이용하여 자기 자신은 물론 자제 · 친척 · 친구를 승진시켜주는 도구로 전락되어 버렸던 것이다. 그렇게 불법적으로 맺어진 강고한 인적 네트워크는 공적인 인사 시스템을 무력화시키는 한편 막강한 훈구공신들이 국가권력을 사적으로 틀어쥐고 온갖 전횡을 일삼는 데로 나아갔다. 영남지역 출신의 신진사류인 김종직과 홍귀달이 건의했던 중시의 폐지 건의는 이렇듯 단순한 일개 시험의 존폐 여부를 둘러싼 문제가 아니라 중앙정계의 훈구공신들에 의해 자행되던 파행적인 인사권의 핵심 고리를 끊으려 했던 매우 민감한 정치적 사안이었던 것이다. 훈구공신들이 그런 의도를 모를 리 없었고, 그런 상황을 좌시했을 리도 없다. 김종직이 노모 봉양을 명분으로 선산부사를 자원한, 아니 훈구공신의 보복과 배척을 받아 선산부사로 좌천하게 된 진정한 이유이다. 뜻을 같이했던 정치적 동반자 홍귀달은 뒷날 김종직의 「신도비명」을 쓰면서 그날의 정황을 이렇게 은근하게 내비쳤다.

마침내 승문원참교에 임명되었다. 마침 이해(성종 7년)에 중시重試가 있었다. 모두 공(김종직)에게 말하기를 "중시는 문사들이 빠르게 승진하는 계제階梯가 된다"라며 권했다. 그렇지만 끝내 응시하지 않으니, 많은 사람들이 고상하게 여겼다. 그 후, 얼마 안 되어 선산부사가 되었다.

홍귀달, 「신도비명」

김종직은 성종에게 중시의 폐지를 말로만 건의한 것이 아니라 행동으로 옮겨 응시를 거부했던 것이다. 훈구공신들이 자신들의 권력 재창출을 위해 편법적으로 운용되는 승진제도와 그를 통해 만연한 중앙정계의 검은 권력 네트워크를 근절시키기 위해서는 실천으로 보여주는 것이 필요했기 때문일 터이다. 물론, 결과는 참담한 패배였다. 자신을 불러들인 성종조차도 『경국대전』에 명시되어 있다는 근거를 들어, 중시를 폐지할 수 없다고 강변하는 훈구공신의 압박을 막아 낼 수 없었던 것이다. 훈구공신들이 틀어쥐고 있는 중앙의 정치권력에게 밀려난 김종직은 다시 선산으로 내려가서 긴 지방관 시절을 보내야만 했다. 그나마 위안이 되는 일은, 모친을 모시고 가족과 함께 지낼 수 있게 되었다는 사실이다.

가을 강물 바닥이 보일 정도로 맑고	秋水淸徹底
가을 산 붉은 단풍 하늘에 가득하네.	秋山紫漫空
채색 옷 입고 어머니 기쁘게 해드리고	彩衣天只喜

그리운 둘째 형님도 함께 오셨네. 常棣仲兮從
기러기는 흰 갈대꽃을 스쳐 날아가고 鴈拂蘆花雪
배는 모래밭 바람을 가르고 오는구나. 舟橫磧口風
뉘 알았으랴, 고을을 다스리는 중에 誰知繩檢裏
이런 화락한 즐거움을 얻게 될 줄을. 猶得樂融融

『점필재집』, 「보천탄에서 어머니를 맞이하다」(寶泉灘上, 迎母氏)

김종직은 참담한 심경으로 선산부사가 되어 내려왔지만, 노모를 모시고 함양군수 시절에 그러했던 것처럼 지방관으로서의 임무를 충실하게 수행했다. 더욱이 선산은 선조들이 대대로 터를 잡고 살던 곳이었고, 자기에게도 유년의 추억이 서려 있는 곳이었기에 지방관으로서의 각오는 더욱 새로웠다. 선산 관아에서 노인들에게 기로연耆老宴을 베풀어드릴 때 "술 취한 노인들이 서로 귓속말로, 저 사또가 바로 옛날 그 아이라네"[18]라며 소곤거리는 소리를 들을 정도였으니, 어찌 그렇지 않을 수 있었겠는가? 『경국대전』에는 '수령의 임무 일곱 가지'(守令七事)가 정해져 있다. '농상의 번성'(農桑盛), '호구의 증가'(戶口增), '학교의 진흥'(學校興), '군정의 정돈'(軍政修), '부역의 균등'(賦役均), '송사의 간명'(詞訟簡), '교활의 근절'(奸猾息)이 그것인데, 김종직은 이 일곱 가지 임무를 착실하게 수행해 갔다.

하지만 가장 두드러진 업적으로는 지방 통치의 객관적 근거를 마련하기 위해 「선산지도지善山地圖誌」를 제작한 사실을 꼽아야 할 것이다. 김종직은 지방관으로 있으면서 매번 지도를 만들어 통치의 자료로 활용했다. 영남병마평사로 있을 때는 「경상도지도지慶尙道地圖誌」를 제작했고, 함양군수로 있을 때는 「함양군지도咸陽郡地圖」를 제작했다. 「선산지도지」의 제작도 그런 일관된 작업의 연장선상에 있다. 김종직은 자신이 지도 제작에 그토록 공을 들이고 있는 까닭을 다음과 같이 밝혔다.

> 나는 선산 사람이지만 고향을 떠난 지 오래되었다. 그런데 병신년(1476)에 부사가 되어 아전과 백성들을 다스리게 되었으니, 고향으로 돌아온 영광이 분에 넘쳤다. 그래서 아침부터 밤까지 생각을 거듭했다. 그 결과 고향 부로父老의 소망에 보답하는 것은 오직 부역을 고르게 매기는 데 있고, 부역을 고르게 매기는 것은 오직 장부를 정리하는 데 있음을 알았다. 그리하여 장부를 정확하게 정리해 두었다. 이제 다시 화공에게 명하여 산천 · 마을 · 창고 · 역원驛院을 그리게 하고, 호구戶口 · 간전墾田 · 도리道里의 숫자 또한 각 마을 아래 기록하게 했다. 이렇게 지도를 만들어 관아에 걸어놓고 보니, 선산지역이 한눈에 들어왔다. 앞으로 세금을 매겨 거두거나 인력을 징발할 때마다 먼저 장부를 살펴보고 다음으로 지도를 참고하여 백성의 생활 형편을 재량하게 된다면, 우리 백성들은 조금이나마

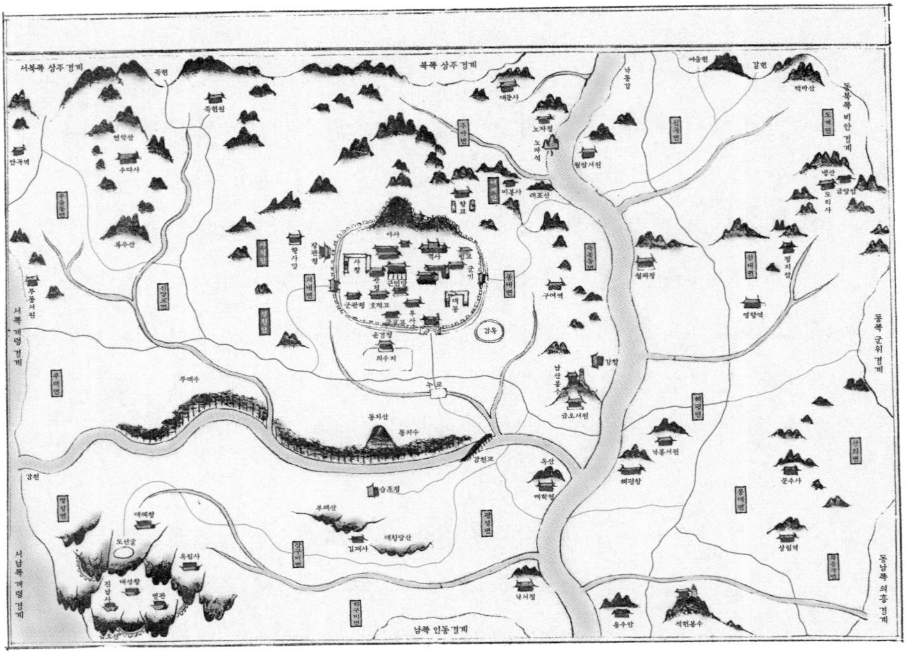

선산부 지도

은혜를 입게 되고 힘센 토호나 교활한 아전들은 부정한 짓을 할 수 없을 것이다.[19]

수령칠사에 명시된 모든 사항들은 바로 장부와 함께 지도에 근거할 때 비로소 그 바름을 얻을 수 있다는 방안은 누구도 쉽게 생각하지 못했던 김종직만의 탁견이다. 지역의 현실을 그만큼 잘 알고 있다는 반증이기도 하고, 부친 김숙자의 지방관 시절을 지켜보며 학습한 결과이기도 하다. 하지만 김종직은 여기에서

한 걸음 더 들어갔다. 지도를 만들어 지역을 다스리는 기초 자료로 활용하는 데 그치지 않고, 선산지역의 지리地理와 사적事蹟을 결합한 인문지리人文地理의 지도를 만드는 데까지 나아갔던 것이다. 그리하여 선산부의 지도 제작을 마친 뒤, 특별히 기릴 만한 사적과 사연이 서려 있는 지역에 해당하는 절구 10수를 지어 적어 넣었다. 선산김씨 옛집에 있는 오래된 교목喬木, 왕건이 견훤과 싸울 때 잠시 쉬던 태조산太祖山, 신라에 불교를 전래한 묵호자와 아도가 머물던 도리사桃李寺, 성을 쌓아 왜적을 막아준 이득신李得辰을 모시던 사당祠堂, 남극 노인성에 제사 지내던 죽장사竹杖寺, 길재가 머물며 교화를 펴던 봉계동鳳溪洞, 장원급제자를 세 명이나 배출한 영봉리迎鳳里, 왜적에게 잡혀간 남편을 8년이나 기다려 열녀로 표창 받은 약가藥加, 일본사신이 오고가며 머무는 월파정月波亭, 낙동수로의 주요한 나루였던 보천탄寶泉灘을 소재로 한 「선산십절善山十絶」이 그것이다.

선산지역의 지리적 판도에 역사적으로 기릴 만한 인간의 사적을 새겨 넣는 이런 작업은 인문과 지리가 함께 융성할 때 비로소 유교문명 국가로서의 면모가 완성될 수 있다는 인식의 소산이다. 또한 뒷날 인문지리지人文地理誌인 『신증동국여지승람』을 책임지고 편찬하는 작업을 진두지휘하는 발판이 되기도 했다. 김종직은 선산부사로서 이처럼 탁월한 능력을 발휘하고 있었지만, 그의 행실과 학식을 잘 알고 있는 사람들은 10년 가깝게 지방관으로 전전하며 지내는 것을 안쓰럽게 여기기도 했다. 같은 밀양 출신인 손비장孫比長도 그런 사람 가운데 하나였다. 성종 8년(1477) 12월, 경연에 들어갔다가 이렇게 아뢰었다.

> 지금 「사유록師儒錄」이 너무 번잡하여 정밀하지 못합니다. 김종직은 부모가 연로하여 지금 선산부사로 있는데, 재주와 행실이 모두 넉넉하여 성균관을 맡아 가르칠 만합니다. 김계창 · 최경지 · 성현 · 유윤겸 같은 사람도 모두 여기에 뽑힐 만한 자이고, 표연말도 학문에 뜻을 두어 자못 정통하고 능숙합니다. 지난번에 이극기가 대사성이 되어 유생을 가르치는 데 열심이었기에 유생들이 모두 심복하였습니다.
>
> 『성종실록』, 성종 8년 12월 12일

김종직이 선산부사로 내려간 지 1년 반쯤 지났을 무렵이었다. 그리고 12월 12일이면, 연말 정기인사가 임박했을 때였다. 손비장은 이번 연말인사 때 선산부사 김종직을 불러올려 성균관 교수를 맡기는 것이 좋겠다고 건의했던 것이다. 하지만 성종은 가타부타 말이 없었다. 김종직이 함양군수로 있을 때도 경상감사 정효상의 추천을 받아 포상하려 했지만, 대사헌 서거정의 반대로 좌절된 경험을 떠올렸을지도 모른다. 성종으로서는 보다 신중을 기하여 불러올려야 한다고 생각했을까? 결국 손비장의 뜻은 이루어지지 못했고, 김종직도 선산부사의 임기를 마칠 때까지 기다릴 수밖에 없었다. 하지만 김종직의 서울 복귀는 임기를 마치고도 한참 뒤로 미뤄졌다. 선산부사의 임기가 끝나갈 무렵 모친이 세상을 떠난 것이다. 김종직은 모친을 밀양의 부친 무덤 옆에 모신 뒤, 삼년 동안의 여묘살이에 들어갔다.

3. 김종직 만년의 관료시절

1) 파격적 발탁과 절정의 고비, 도승지와 이조참판

선산부사의 임기가 끝나갈 무렵인 성종 10년(1479) 12월 21일, 김종직의 노모가 나이 여든의 장수를 누리고 생을 마쳤다. 김종직의 슬픔은 말할 수 없었다. 하지만 김종직이 겪어야 했던 가족사의 비극은 이때부터 시작이었다. 모친의 삼년상을 치르는 중이던 성종 12년(1481) 10월 초, 맏손자가 태어난 지 두 달 만에 죽었다. 다시 그로부터 며칠 뒤인 10월 11일, 죽은 손자의 젊은 아비이자 김종직에게 남은 유일한 아들 곤緄도 죽고 말았다. 아들 셋이 모두 요절하여 대를 이어갈 자식 하나 남지 않게 된 것이다. 참극을 연이어 겪은 김종직은 모친상을 마치자마자 남은 가족을 이끌고 성종 13년(1482) 2월 25일 처가인 금산金山으로 이사를 갔다. 부친 김숙자가 처가를 찾아 선산에서 밀양으로 거처를 옮겼듯, 김종직도 노모가 죽고 나자 처가를 찾아 금산으로 거처를 옮겼던 것이다.

이런 처가로의 이주는 조선 전기에 자주 발견되는 양상이었지만, 김종직에게는 보다 각별한 의미가 있었다. 금산 처가에 송나라 성리학자 주돈이周敦頤를 사모한다는 뜻으로 '경렴당景濂堂'을 짓고, 오랫동안 꿈꿔 왔던 은거와 강학의 삶을 살겠노라 마음먹었던 것이다. 하지만 그 꿈도 여의치 않았다. 금산으로 삶의 터전으로 옮긴 지 두 달이 지난 늦봄, 두 가지 일이 한꺼번에 들이닥쳤다. 하나는 홍문관응교弘文館應敎에 제수한다는 교지가 내려온 것이고, 다른 하나는 그토록 살갑던 부인 조씨曺氏의 죽음이 찾아온 것이다. 올라갈 것인가 머물 것인가, 혼란스러웠다. 게다가 고언苦言도 마다하지 않던 올곧은 제자 김굉필이 올라가지 말라며 간곡하게 만류하고 나섰다. 고민에 고민을 거듭한 끝에, 성종 13년(1482) 6월 마침내 서울로 올라가기로 결정을 내렸다. 그러고는 김굉필에게 다음과 같은 시를 지어 보냈다.

늘그막에 조정에서 내린 서찰을 받았으니
그윽한 거처를 부질없이 버려두게 되었네.

그대는 나라 고치는 일 성급한 계책이라 하지만

우리의 도는 예로부터 굴곡이 심했다네.

白首叨蒙一札頒　幽居空寄讓廉間

君言醫國太早計　吾道從來骫骳難

『점필재집』, 「김굉필에게 화답하다」(和金大猷) 5수 중 제1수

제1·2구는 임금의 부름을 받아 올라가게 되었으니, 금산 처가에 경렴당景濂堂을 마련하여 은거하려던 꿈이 어그러지고 말았다는 뜻을 담았다. 여기서 주목할 대목은 김굉필이 만류했던 말을 인용하고 있는 제3구이다. 조정에 들어가 벼슬살이하는 것을 '의국醫國' 으로 표현할 정도로, 김굉필은 당시 정국이 곪을 대로 곪아 있다고 보았다. 지금은 벼슬길에 나아갈 때가 아니라며 스승을 극구 만류했던 까닭이다. 하지만 김종직은 그 길을 포기할 수 없었다. 자기 한 몸의 부귀영화를 위해서가 아니었다. 아무리 험난한 난관이 있더라도 세상에 나아가 경륜을 펴보는 일은 '유자의 도' (吾道)가 감당해야 할 운명이라 여겼기 때문이다.

그렇게 하여 김종직은 성종 14년(1483) 다시 서울로 복귀했다. 김종직의 나이 52세, 선산부사로 내려간 지 6년 만이었다. 성종의 태도는 함양군수를 마치고 올라왔던 때와는 비교할 수 없을 만큼 적극적이었다. 김종직을 견제하던 훈구공신의 위세가 한풀 꺾였기 때문일 터이고, 또한 성종 자신도 이제 스물일곱

의 장성한 군주가 되어 국정운영에 자신감을 한껏 갖추었기 때문일 터이다. 성종 14년(1483) 8월 27일 홍문관응교에서 곧바로 정3품의 홍문관직제학으로 승진시키더니, 한 달이 지난 10일 4일 승정원동부승지로 불러들였다가 다시 한 달 뒤인 11월 1월 우부승지로 올렸다. 요즘에 비유하자면, 대통령을 지근의 거리에서 보좌하는 청와대로 입성시킨 것이다. 김종직에게 거는 성종의 기대는 거기에서 그치지 않았다. 다시 반년 만인 성종 15년(1484) 6월 1일 좌부승지에, 그리고 두 달 지난 8월 6일 우승지와 좌승지를 거치지 않고 곧바로 도승지에 임명했다. 그야말로 초고속 승진이었다. 도승지로 임명하던 날, 성종의 변을 직접 들어보자.

> 좌부승지 김종직을 도승지로 삼으라고 명하였다. 이어 정청政廳에 어서御書를 내려 이르기를 "김종직은 나이가 많지만 문장과 정사를 감당할 수 있다" 하였다.…… (김종직이 사양하자) "경은 승지들 가운데에서 나이가 많고 문장도 넉넉하여 익숙한 것이 많을 것이므로 특별히 도승지로 올려서 육방六房을 총치總治하게 하는 것이다" 하였다. 김종직이 다시 아뢰기를 "신은 나이가 많아서 걷는 것도 제대로 잘 못하니, 도승지의 직책은 참으로 감당하기 어렵습니다" 하였다. 전교하기를 "벼슬살지 않는다면 모르겠으나, 벼슬산다면 임금의 명을 어찌 사양

할 수 있겠는가? 다시 말하지 말라" 하였다.

『성종실록』, 성종 15년 8월 6일

김종직을 중용하겠다는 성종의 의지는 단호했다. 문장도 넉넉하여 익숙한 것이 많을 터, 육조六曹를 총괄하는 데 적합하다고 판단했던 것이다. 게다가 거듭 "나이가 많다"는 점을 강조하고 있는 점에도 각별한 의미가 담겨 있다. 훈구공신의 견제에 밀려 함양군수 · 선산부사와 같은 외직으로 전전했고 모친의 삼년상을 치르는 등, 지방에서 12년 동안 지내느라 김종직은 동료들에 비해 승진이 한참 늦어졌던 것이다. 성종은 그 점을 잘 알고 있었고, 이제 젊은 관료의 신망이 두터운 김종직의 파격적인 발탁으로 조정의 분위기를 일신해보고자 했다. 그동안 중앙권력을 장악하고 있던 훈구공신들은 당황한 기색이 역력했다. 그런 분위기를 반영하듯, 김종직이 도승지에 임명되던 날 사관은 이런 악의적인 사평을 달아 두었다.

김종직은 경상도 사람이다. 박학하고 문장을 잘 지으며 가르치기를 좋아했는데, 그에게서 수업 받은 자 가운데 과거에 급제한 사람이 많았다. 그러므로 경상도 선비로서 조정에서 벼슬하는 자들이 종장宗匠으로 추존하여, 스승은 제 제자를 칭찬하고 제자는 제 스승을 칭찬하는 것이 사실보다 지나쳤다. 그럼에도 조정의 신진 무리들이 그 그른 것을 깨닫지 못하고 따라서 붙좇는 자가 많았다. 그때 사람들이 이것을 비평하여 '경상도 선배의 무리'(慶尙先輩黨)라고 하였다.

『성종실록』, 성종 15년 8월 6일

견제를 넘어서서 시기와 폄훼가 낯 뜨거울 정도이다. 서울의 훈구공신들은 김종직과 그의 제자들을 보잘것없는 '경상도 촌놈들' 이라며 원색적으로 비난했던 것이다. 하지만 김종직에 대한 성종의 기대와 지지는 도승지에 만족할 수 없었다. 도승지에 임명된 지 두 달이 조금 지난 성종 15년(1484) 10월 26일, 김종직을 종2품의 이조참판으로 삼았던 것이다. 이조吏曹는 육조 가운데 우두머리에 해당하는 부서로서 문관의 임면, 공훈과 봉작의 수여, 관리의 인사고과 등을 담당하고 있었고, 이조참판은 그런 임무를 실질적으로 주관하는 핵심 요직이었다. 훈구공신의 독점적인 인사권 남용과 은밀하게 이루어지는 인적 네트워크를 근본적으로 바로잡기 위해서는 임용 시스템을 개혁하는 것이 최대 관건이라 판단했던 것이다. 성종의 부름을 받고 올라온 지 불과 2년 반만의 일이다. 김종직이 이조참판으로 있을 때, 성종은 장차 국가의 더 큰일을 맡길 것이라 하여 금대金帶를 내려주며 김종직에게 힘을 실어 주기도 했다.

이조참판 김종직에게 금대金帶를 주고, 인하여 전교하기를, "경이 근시近侍가 된 지 오래이니, 내가 경의 마음을 안다. 경은 장차 국가의 큰 책임을 맡을 사람이기 때문에 주는 것이다" 하였다. 사신이 논평하기를, "김종직이 이조참판으로 경연동지사를 겸대하여 경연에 모시었다. 으레 낭원郎員으로 당상에서 진강進講하면 입시할 뿐인데, 매양 차례가 김종직에게 이르면 특별히 진강을 명하였었다. 이때에 이르러 특별히 금대를 내려 주니, 그때의 사람들이 영광으로 여겼다" 하였다.

『성종실록』, 성종 17년 1월 17일

성종으로부터 지극한 대우를 받고 많은 제자들의 기대를 한몸에 받았던 김종직은 그에 부응하는 개혁안을 연일 제출했다. 연한이 차야 승진이 되는 순자循資의 법에 구애되지 말고 인재를 발탁해야 하고, 지역의 풍속을 감찰하는 유향소留鄕所를 다시 설치해야 하며, 신진사류의 중망을 받고 있던 이심원을 서용해야 하고, 관리에 대한 승출陞黜의 제도를 엄히 시행해야 한다고 건의하는 등 의욕적인 활동을 펼쳤던 것이다. 하지만 김종직의 이조참판 시절은 그리 오래가지 못했다. 성종 16년(1485) 7월 17일 김지金漬를 등용했다는 이유로 사헌부의 탄핵을 받아 이조참판에서 물러나게 된다. 이조참판에 임명된 지 불과 10개월 만이었다. 아직, 훈구공신의 위력과 견제는 호락호락한 것이 아니었다. 이조참판의 조기 퇴진은 어쩌면 김종직의 승승장구를 탐탁지 않게 생각하고 있던 그들에겐 미리 정해진 수순이었을지도 모른다.

이 늙은이 평소에 자연에 뜻을 두었으니
벼슬살며 머뭇거린 것은 좋아서만이 아니라네.
이조吏曹에서 밥이나 축내며 세월만 보내니
긴 보습을 부수어 줄톱 만들어 버린 격이로세.
왕성하게 뛰놀던 정신 이제 이미 쇠잔해지고
탁한 이 배척하고 맑은 이 드높이던 일 모두 적막해졌네.
예로부터 분에 넘치는 자리는 해를 초래하는 법이니
시름에 겨워서 누각에 기대어 먹구름 바라보노라.
老子平生志丘壑　簪組低徊非所樂
天官伴食度炎凉　枉碎長鑱鑄一錯
精神鼓舞今已衰　激濁揚淸全落莫
古來負乘寇之招　悵望停雲倚高閣

『점필재집』, 「회포를 서술하다」(述懷) 제3수

이조참판에서 물러난 뒤, 자신이 지냈던 시절을 회한의 감정으로 읊고 있는 작품이다. 김종직이 그때 가장 힘주어 추진했던 사안은 순자循資의 인사제도를 개혁하는 일이었다. 당나라 배광정裵光廷이 만든 이 제도는 관리의 능력이 있고 없고를 고려하지 않는다. 무조건 정해진 근무 연수年數를 채워야 하고, 등급을 뛰어넘어 승진할 수도 없다. 견책을 당하지 않은 사람은 아무리 무능해도 모두 승진시키는 제도였다. 하지만 김종직의 생각을 달랐다. 탁월한 능력을 지닌 인재라면 이런 순자법에 구애되지 않고 언제든지 발탁될 수 있는 혁신적 인사제도를 꿈꾸었다. 조정 안팎에 버려져 있는 뛰어난 젊은 인재가 너무나 많다는 사실을 잘 알고 있었기 때문이다.

하지만 이런 혁신적인 인사제도가 세조 이래 기득권을 움켜쥐고 있는 훈구공신들에게 받아들여지기란 불가능했다. 지금도 기득권을 가지고 있는 무능한 자들이 가장 벌벌 떠는 것은 이른바 '물갈이'가 아니던가? 때문에 능력 있는 새로운 인물을 발탁하려던 김종직의 개혁안은 좌절될 수밖에 없는 꿈이 되고 말았다. 성종이 그토록 기대했고 김종직도 의욕적으로 추진했던 인사 시스템의 혁신은 절반의 성공도 거두지 못한 채, 결국 동지중추부사同知中樞府事로 물러앉게 되었다. 중추부는 일정한 직책이 없는 정3품 이상의 당상관堂上官들을 우대하기 위해 설치된 명목만 높은 부서였다.

2) 만년의 관료생활과 마지막 낙향, 전라감사와 형조판서

김종직은 성종 18년(1487) 5월 전라도관찰사에 제수되어 서울을 떠난다. 성종 13년(1482) 6월부터 홍문관응교·홍문관직제학·도승지·이조참판·동지중추부사 등 화려한 관직생활을 지낸 지 5년 만이었다. 그 동안 개인사적으로는 젊은 아내 문씨文氏를 재취로 맞아 늦둥이 아들을 얻는 기쁨도 누릴 수 있었다. 아마, 인생의 최고 절정기였을 것이다. 하지만 어느덧 쉰다섯 살의 노년기로 접어들고 있었다. 그래서였을까? 이조참판에서 첨지중추부사로 물러나 있는 동안 경연에 들어가서는 그 어느 때보다 활발하게 정책을 건의하였다. 국고가 비었다고 전세를 더 많이 걷지 말 것, 사람을 제대로 천거하지 못한 재상을 엄히 처벌할 것, 내세의 복을 비는 불교를 숭상하지 말 것, 중국에서 과도하게 요구하는 금을 진상하지 말 것, 불효한 자를 엄하게 다스릴 것, 사풍을 무너뜨리는 중시의 제도를 폐지할 것, 흉년이 들었을 때는 금주의 정책을 풀지 말 것, 구휼할 때는 그 대상을 균등하게 할 것, 사냥할 때는 번을 마친 군졸을 차출하지 말 것, 조정 관리들이 벌이는 사치스런 연회를 금지시킬 것 등등.

이런 김종직의 칼날 선 주장에 임사홍과 한명회 같은 훈구공신들은 임금 앞에서 쩔쩔 매기도 했다. 하지만 역사에 길이 남을 만한 성취는 한직인 중추부에 있던 시절, 성종 18년(1487) 2월 이의무·최부·유호인·이창신·신종호와 같은 젊은 제자들과 함께 『동국여지승람東國輿地勝覽』을 수정·편찬한 작업일 것이다. 성종도 그 작업을 마쳤을 때, 김종직과 그 제자들에게 초록단자와 녹피를 하사하며 공로를 치하했다. 사실 김종직은 영남병마평사 · 함양군수 · 선산부사와 같은 지방관직을 두루 경험하며 향촌사회의 실상을 누구보다 환히 알고 있었다. 그리고 그때마다 지역의 실상을 한눈에 파악할 수 있는 「경상지도지慶尙地圖誌」 · 「함양군지도咸陽郡地圖」 · 「선산지도지善山地圖誌」를 편찬하며 탁월한 지방관의 능력을 보여 준 바 있다. 그런 경험을 『동국여지승람』 편찬에 적극 활용할 수 있었던 것이다.

이처럼 지역의 현실에 밝았기에 비록 1년이란 짧은 기간이었지만, 전라도관찰사 시절에 거둔 실적 또한 뚜렷했다. 실제로 전라도관찰사로 내려가는 김종직의 마음가짐은 남다른 바 있었다. 성종에게 하직인사를 드릴 때 이미 몇 가지 방안을 미리 마련하여 사전 허락을 청했을 정도이다. 여기서 그는, 전라도는 장물贓物이 은밀하게 거래되는 폐해가 심한 곳이니 장문場門을 잠시 폐쇄하겠다는 것, 전라도에는 거룻배를 타고 약탈하는 수적水賊이 많으니 거룻배의 사사로운 사용을 금지하겠다는 것, 전라도 나주의 금성산錦城山에는 신사神祠가 많아 풍속을 크게 해치고 있으니 이를 엄금하겠다는 것을 아뢰고 있다.[20] 관찰사로 부임하기도 전에 미리 그 지역에 대한 실태를 조사하여 대처 방안까지 건의할 정도로 준비가 철저했던 것이다. 제자 남효온은 김종직이 관찰사로 있으면서 호남지역에서 거둔 공적을 목격하고 이렇게 칭송한 바 있다.

태수는 오늘날의 공수龔遂 같은 분이니	恩門太守今龔遂
백제의 산하는 옛날의 강역이 되었구나.	百濟山河舊版圖
나쁜 풍속들 근래 들어 모두 교화가 되어	桀俗年來皆入化
맹인과 귀머거리도 취하여 성에 오른다네.	盲聾扶醉上城隅

남효온, 『추강집』, 「부여회고扶餘懷古」 제9수

성종 19년(1488) 봄, 남효온이 부여지역을 유람하면서 지은 시이다. 그때는 김종직의 전라도관찰사 시절이 끝나가던 무렵이었다. 백제의 옛 판도였던 호남지역의 나쁜 풍속이 어진 태수에게 힘입어 근래에 모두 교화가 되었다는 칭송이 과장만은 아니다. 김종직은 한나라 때 어진 수령으로 이름 높았던 공수龔遂에 비길 만한 공적을 세우고 있었던 것이다. 성종 19년(1488) 5월 7일, 전라도관찰사를 마치고 지금의 서울 부시장쯤 되는 직책인 한성부좌윤漢城府左尹을 잠시 맡는다. 그리고 곧바로 공조참판을 거쳐, 성종 20년(1489) 2월 28일 마침내 김종직으로서는 최고 관직인 정2품의 형조판서에 임명된다.

하지만 김종직의 관직생활은 거기가 끝이었다. 공조참판에 오르든 형조판서에 오르든 김종직에게 그것은 자신의 능력을 펼쳐 보일 만한 자리가 아니었다. 자질구레한 잡무를 행정적으로 처리하고 나면, 그것으로 끝인 직무였던 것이다. 다만 하나의 위안이 있다면, 지난날 동부승지로 있을 때 강력하게 추진했던 유향소留鄕所 복립復立의 일이 이 무렵 결실을 보게 되었다는 점일 것이다. 김종직은 승지로 발탁되어 승정원에 들어가자마자 오랫동안 가슴에 담고 있던 정책을 실천에 옮기고자 했었다. 유향소를 다시 설립하는 문제였다.

우부승지 김종직이 아뢰었다. "고려 태조가 여러 고을에 영令을 내려 공변되고 청렴한 선비를 뽑아서 향리鄕吏의 불법을 규찰하게 하니 간사한 아전이 절로 없어졌습니다. 500년 동안 풍화風化를 유지했던 것은 그 때문이었습니다. 우리 조정에서는 이시애李施愛의 난 이후로 유향소가 혁파되자 간악한 아전들이 불의를 자행하여, 건국한 지 100년도 못되어 풍속이 쇠퇴해졌습니다. 열 집이 사는 마을에도 반드시 충신이 있다고 하는데, 한 고을이 아무리 작다 하나 어찌 한 고을에 착한 선비가 없겠습니까? 청컨대 다시 유향소를 설립하여 향풍鄕風을 규찰하게 하소서."…… 임금이 이르기를 "조정에서 수령을 가리고자 하여도 오히려 알맞은 자를 얻지 못하는데, 향중鄕中을 규찰하는 데 어찌 알맞은 자를 얻기가 쉽겠는가? 시골 풍속이 아름답지 못함은 나라에도 관련이 있으므로 나는 이것을 근심한다" 하였다.

『성종실록』, 성종 15년(1484) 5월 7일

기실, 세조 때 혁파된 유향소를 다시 설치하는 문제는 중앙의 훈구공신과 지방의 재지사족 사이에 이해관계가 첨예하게 맞부딪치는 민감한 정치적 사안이었다. 지방 출신인 데다 지방관을 오래 경험한 김종직으로서는, 수령의 횡포와 향리의 간악이 자행되는 현실을 개선하기 위해서는 고을의 사족이 주체가 되어 지역의 풍속을 규찰하고 수령과 아전의 탐학을 견제해야 한다고 굳게 믿고 있었다. 요즘으로 비유하면, 일종의 '지방자치제'라고 할 수 있다. 하지만 유향소를 복립하는 문제는 훈구공신의 반대에 부딪쳐 쉽게 성사되지 못했다. 지방수령의 임면권을 장악하고 있는 그들의 입장에서는 지역사족에게 그 지역의 권력을 나누어 주는 것이 탐탁하지 않았던 것이다.

그러나 김종직의 지속적인 건의[21]와 함께 "신이 듣건대 김종직이 일찍이 선산부사로 있으면서 향중鄕中에 행실이 있는 자를 골라 향사례와 향음주례에 참여하게 하니, 거기에 선발되지 못한 자들이 모두 부끄러워하여 권장하는 뜻을 품은 이가 많았다고 합니다"[22]라고 거드는 등 주변의 협력을 얻어, 마침내 성종 19년(1488) 5월 12일에 유향소를 다시 설립하게 되었다. 의정부와 영돈녕 이상의 고관들이 모여서 유향소 설립에 대한 갑론을박을 펼쳐 마침내 유향소 복립의 종지부를 찍던 날, 정작 주인공인 김종직은 그 자리에 없었다. 전라도관찰사를 마치고 한성부좌윤에 제수된 김종직은 거기에 참여할 자격이 없었던 것이다. 김종직의 만년은 그처럼 적막했고, 이듬해 봄 형조판서에 올랐다고 하지만 몸은 이미 늙고 병들어 있었다.

신음하며 한 달 내내 지냈더니	呻吟連晦朔
살갗은 나쁜 풍기로 뒤덮였구나.	腠理盡雎風
가을도 어느덧 저물어 가려는데	天道三將變
인심은 백 가지로 같지를 않구나.	人心百不同
영고성쇠는 침으로도 고칠 수 없으니	榮枯鍼砭外
나아가고 그침은 담소하는 중에 두네.	行止笑談中
마침내 형조판서를 사직하니	畢竟辭邦禁
임금의 은혜를 나 혼자 입었도다.	皇恩我獨蒙

형조판서의 사직을 청해 허락을 받은 뒤 지은 작품인데, 제목이 매우 길다. "나는 평소 풍증을 앓았다. 8월 19일에 침을 맞고 뜸을 뜨자, 풍기가 발동하여 오른손이 떨렸다. 마침내 사직하고 한관閑官으로 바꾸라는 어명을 얻었기에 기뻐서 짓다"[23]이다. 더 이상 현역으로 활동할 수 없을 만큼 김종직은 병이 깊어 갔고, 심신도 지쳐 갔다. 안쓰럽게 여긴 성종은 지중추부사知中樞府事라는 한직을 주어 동래온천에 가서 요양하도록 배려해 주었다. 하지만 "사람 마음이 제각각이어서 서로 같지 않구나"라든가 "나아가고 물러남을 웃고 떠드는 사이에 둔다"라는 시 구절이 왠지

마음에 걸린다. 사퇴의 이유가 몸에 든 병이 전부는 아닌 것처럼 읽혀지기 때문이다. 뒷날, 기대승도 김종직이 판서로 발탁되었지만 "세상과 뜻이 맞지 않았다"고 지적하지 않았던가.

사정을 정확하게 알 수 없지만 형조판서에서 물러난 김종직은 다음해인 성종 22년(1491) 봄, 늙고 병든 몸을 이끌고 고향 밀양으로 내려갔다. 다시 되돌아오지 못할, 마지막 낙향이었다. 하지만 그렇게 쓸쓸하게 고향으로 내려가는 김종직은 그때도 혹독한 시비에 시달려야만 했다. 먼저 시비를 걸고 나선 것은 사헌부였다. 제자 김일손은 낙향하는 스승 김종직이 가마를 메고 갈 종조차 없다는 사실을 안쓰럽게 여겨 성종에게 아뢰고, 성종은 교자꾼을 내려주어 병든 김종직이 편히 내려가도록 배려했다. 그럼에도 사헌부에서는 그걸 문제 삼고 나섰다. 그리고는 사적인 은혜를 공적으로 갚으려 했으니 김일손을 국문하고, 곤장 100대에 3년 동안 벼슬을 박탈해야 한다고 성종을 압박했다. 평소 탐탁지 않게 여기고 있던 '경상도선배당'에 대한 보복이었다. 성종의 무마로 김일손이 좌천되는 선에서 끝이 났지만, 이것이 끝은 아니었다.

그 다음에는 김종직이 형조판서의 직임을 사직하고 휴가 중인데도 봉록을 여전히 지급받고 있다는 사실을 문제 삼고 나섰다. 성종은 김종직의 병이 완쾌된 뒤, 조정으로의 복귀를 기대하며 사직을 윤허하지 않고 계속 봉록을 지급토록 했던 것이다. 그럼에도 불구하고 성종 23년(1492) 2월 7일에 시작된 사헌부의 탄핵은 집요하고 끈질겼다. 대간의 탄핵만으로는 여의치 않자 대사헌 김여석金礪石과 대사간 윤민尹慜이 직접 나섰다. 영사領事 노사신이 예전에도 그런 전례가 있다고 변호해도 막무가내였다. 그들은 김종직에게 봉록을 지급하도록 건의했던 이칙李則을 추국해야 한다고 사안을 확대시켰다. 영돈녕 이상의 신하들에게 논의하도록 했지만, 쉽게 결론을 내지 못했다. 사태가 여의치 않자 대사헌 김여석은 "정직하다는 이름을 팔아 세상을 속였다"는 인신공격으로 김종직을 헐뜯기 시작했다.

김종직을 끝까지 지켜 주고 싶었던 성종도 이들의 기세에 눌려 결국 뒤로 물러설 수밖에 없었다. "내가 듣건대 김종직이 매우 가난하다고 하므로 식물食物을 주게 한 것이다. 또한 명을 내려 녹봉을 주게 하였는데, 이제 그대들이 이토록 힘써 반대하니 그대로 따르겠다"라며. 안타까움이 짙게 묻어난다. 조정 대신들의 위세는 임금까지 굴복시키고 말 정도로 노회하고 막강했던 것이다. 그러니 시골선비 김종직이야 오죽했겠는가? 결국 녹봉의 지급을 중지할 수밖에 없었지만, 성종은 마지막으로 4월 16일 쌀 40석과 콩 30석을 내려주는 것으로 한 시대의 스승이자 정치적 동반자였던 김종직에게 깊은 경의를 표했다. 김종직은 눈물겨웠을 것이다. 그로부터 넉 달 뒤, 성종 23년(1492) 8월 19일 62세로 생을 마쳤다.

주

9) 『세종실록』, 세종 12년 4월 3일.
10) 『점필재집』, 「도사 김윤종을 보내는 시의 서」(送金都事潤宗詩序).
11) 『점필재집』, 「차밭 2수」(茶園二首).
12) 『점필재집』, 「함양성의 나각」(咸陽城羅閣).
13) 『점필재집』, 「윤료가 또 함양군의 지도를 작성하였기에 그 위에 절구 아홉 수를 쓰다」(允了又作咸陽郡地圖, 題其上, 九絶).
14) 『점필재집』, 「기로들에게 납연을 베풀다」(臘宴老人).
15) 『점필재집』, 「2월 모일에 비가 오므로, 세륭에게 재촉하여 문묘에 노송나무를 심게 하다」(二月日, 有雨, 促世隆植檜于文廟).
16) 『성종실록』, 성종 4년 7월 23일.
17) 『점필재집』, 「10월 초하루 재차 사직장을 올리고 금산의 농가로 돌아왔다. 방백이 사직을 수락하지 않고 직무로 돌아가기를 재촉하므로, 초9일에 길을 떠나 소마현을 지나는 도중에 눈이 내리다」(十月初一日, 再呈辭狀, 還金山農舍, 方伯不受, 促使就職, 初九日, 度消馬峴, 有雪).
18) 『점필재집』, 「공당公堂에서 노인들을 대접하며」(公堂饗老).
19) 『점필재집』, 「선산지도지善山地圖誌」.
20) 『성종실록』, 성종 18년 6월 20일.
21) 『성종실록』, 성종 15년(1484) 11월 12일.
22) 『성종실록』, 성종 16년(1485) 1월 6일.
23) 『점필재집』, 「余素患風證. 八月十九日, 針灸, 風氣發動, 右手戰掉, 遂辭職, 得閑官換差之命, 喜而有作」.

제4장 김종직의 사제관계와 시대의 스승

선비의 습속이 밝지 않은 것은 도학이 행해지지 않는 데에서 말미암은 것이고, 도학이 행해지지 않는 것은 사도師道가 전해지지 않는 데에 근원합니다. 김종직은 마음을 바르게 하는 학문(正心之學)을 제창하여 후진後進들을 인도해서 바른 마음을 근본으로 삼도록 했습니다. 유가의 도학과 문장을 흥기시키는 것을 자신의 소임으로 삼았으니, 그 공적은 공명사업이 탁월한 자보다 도리어 낫습니다.

이원李黿, 「봉상시에서 올린 문충공 시의諡議」

1. 김종직의 지역 교화, 그리고 사우관계의 형성

1) 학교의 진흥과 『소학』 학습의 강조

김종직은 "경전의 뜻도 제대로 알지 못한 채 책에 적힌 문자만 배송하며 가르치는 변변치 못한 경서선생(經師)"이라는 뜻의 겸사인 '점필佔畢'을 자호로 삼을 만큼 후진교육을 평생의 소임으로 여겼던 인물이다. 이런 김종직의 후진 강학활동은 영산훈도靈山訓導에 임명된 20대 때부터 시작된다. 또한 김종직에게 배운 김흔金訢과 그의 형 김심金諶이 성종 2년(1471)과 성종 5년(1474) 잇달아 급제하고 있는 것을 보면, 서울에서 관료생활을 시작한 30대에도 후진교육은 여전했던 것으로 보인다. 하지만 강학활동을 통한 두드러진 면모는 함양군수를 지냈던 40대부터 본격적으로 확인된다.

김종직이 함양군수로 내려온 성종 초년은 지방관으로서 실행해야 할 일곱 가지 임무(守令七事)가 확립되고 있던 때였다. '농상의 번성'(農桑盛), '호구의 증가'(戶口增), '학교의 진흥'(學校興), '군정의 정돈'(軍政修), '부역의 균등'(賦役均), '송사의 간명'(詞訟簡), '교활의 근절'(奸猾息)이 그것이다. 지방관이 수행해야 하는 이런 직분들이 시대를 초월하여 한결같았을 것처럼 생각하기 쉽지만, 실상은 그렇지 않다. '학교의 진흥'(學校興)은 조선시대 들어서서 새롭게 더해진 항목인데, 성종대에 완성을 본 『경국대전』에 명기될 정도로 성종의 시대에 들어서서 특히 강조되었다.

오랫동안 지방관을 지낸 김종직은 그런 사실을 잘 알고 있었다. 함양군수 시절에 수행한 책무를 살펴보면 수령칠사의 항목들이 하나하나 실천되고 있었음을 확인할 수 있다. 하지만 김종직은 입에 발린 선정善政의 칭송을 듣는 것만으로 자신의 소임을 다했다고 여기지 않았다. 대신, 새롭게 강조되기 시작한 '학교의 진흥'(學校興)에 남다른 관심과 열의를 보였다. 지역의 인재육성을 통해 지역의 풍속을 교화하고, 유교문명의 전국적 확산으로 국가의 면모를 일신해야 궁극적인 목표를 명확히 갖고 있었던 것이다. 이런 자세를 확고하게 다지게 된 계기는 지역 출신으로서 부친 김숙자에게 어려서부터 직접 보고 배운 바가 많았기 때문이다.

> 향교를 수리하는 데 있어서는, 두 현(고령현 · 개령현)의 공자묘孔子廟를 대대적으로 수리하여 옻칠을 화려하게 했다. 그리고 밤나무로 만든 신주가 법식에 맞지 않았으므로 모두 고쳐 만들고, 나에게 직접 작위와 이름을 쓰도록 했다.…… 매번 직무를 마치고 난 여가에는 두 사람씩 차례대로 들어오게 하여 일과日課를 강의하고, 한 달에 세 번씩 글로 시험 보게 하여 성적에 따라 상벌을 내렸다. 전에는 두 현에서 시험에 합격한 사람이 없었는데, 선공께서 학교를 진흥시킨 뒤에는 고령의 박임위朴霖威, 개령의 최한崔漢 같은 사람이 사마시에 합격하는 등 각종 시험에서 합격자가 끊이지 않았다.
>
> 『이준록』, 「선공사업」

위에서 보듯, 김종직은 부친 김숙자에게서 향교의 사당을 수리하는 법도로부터 제자들을 가르치는 방법에 이르기까지 직접 보고 배웠다. 특히 수령의 직무를 마친 뒤에는 학생들을 직접 불러 가르쳤는데, 교육의 절차가 확고하게 정립되어 있다. 그런 교육을 받은 까닭에 궁벽한 시골 고을에서 과거 합격자를 계속 배출할 수 있었던 것이다. 부친에게서 이런 방법을 직접 배웠던 김종직 또한 함양군수로 내려왔을 때, 후진교육에 대한 부친의 열정을 계속 이어 갔다. 실제로 함양군수 시절, 유호인兪好仁(1445~1494), 표연말表沿末(1449~1498), 조위曺偉(1454~1503)와 같은 제자를 과거에 급제시켰다. 부친 김숙자는 사마시에 합격시키는 데 그쳤지만, 아들 김종직은 대과에 합격시켰다. 그리하여 합격한 제자는 스승 김종직을 찾아와 감사를 표하고, 스승은 이런 제자들을 위해 홍겨운 축하연을 베풀어 주었다.

> 한림원에서 지내던 일은 꿈에서도 희미한데
> 눈 비비고 그대가 과거 급제한 것 보았구나.
> 향교에서 공부하고 있는 그대들에게 묻노니
> 군자의 학문을 그 누구와 더불어 하였던가.
> 산속 고을에 일이 없어 벼슬자리만 차지하고 있지만
> 복날에 염소 삶아먹는 것은 예로부터 있던 놀이라네.
> 유송劉松이 제자와 벌였던 질탕한 술판을 능가하는데
> 야박한 풍속에 유관儒冠 쓴 선비를 비웃거나 말거나.
> 玉堂金馬夢魂微　刮目看君柳汁衣
> 爲問膠庠二三子　藏修游息與誰歸
> 山城無事漫爲官　伏日烹羊古所歡
> 一醉眞拚河朔飮　從敎薄俗笑儒冠

『점필재집』, 「유두일에 향교에서 술을 마시면서 표연말에게 주다」
(流頭日, 飮于鄕校,貽少游)

성종 3년(1472) 치러진 식년시에서 급제하고 내려온 표연말을 맞이하여, 김종직은 너무나 기쁘고 대견했다. 공부하던 제자들을 향교에 모아 놓고 양을 잡아 취하도록 마시게 했다. '너희들도 저 선배 표연말처럼 열심히 공부하여 이름을 드날리라' 는 의도에서였겠다. 설령 공부하는 선비들이 향교에서 저렇게 술 취해 놀면 되겠느냐며 수군댈지 몰라도, 오늘처럼 기쁜 날이라면 다른 사람의 시선일랑 아랑곳할 필요가 없었다. 제자의 성취는, 김종직이 궁벽한 고을의 수령으로 있으면서 맛볼 수 있는 가장 큰 보람이었던 것이다. 뒷날 동방오현東方五賢으로 문묘에 배향되어 추숭된 김굉필金宏弼과 정여창鄭汝昌도 함양군수 시절에 가르쳤던 제자들 가운데 하나였다. 김굉필은 성종 5년(1474) 어느 봄날, 곽승화郭承華와 함께 함양으로 찾아와 가르침을 청했다. 김종직은 그날의 만남을 두 수의 시에 적어 두었다.

궁벽한 곳에서 어떻게 이런 사람을 만났던가,
진주 보배를 가져와 찬란하게 펼쳐 놓았구나.
좋이 가서 다시 한유韓愈를 찾아보게나,
노쇠한 나는 제대로 가르치지 못해 부끄러우니.
그대의 시어는 옥에서 안개가 피어나는 듯하니
이제 자주 찾아올 테니 걸상 걸어둘 일 없겠네.
어려운 서경書經을 가지고 문장 궁리하지 말고

마음을 높은 하늘 깊은 연못처럼 맑게 해야 하리.

窮荒何幸遇斯人　珠貝携來爛熳陳
好去更尋韓吏部　愧余衰朽未傾囷
看君詩語玉生煙　陳榻從今不要懸
莫把殷盤窮詰屈　須知方寸淡天淵

『점필재집』, 「수재 김굉필과 곽승화에게 화답하다」(答金郭二秀才)

궁벽한 함양 산골에서 만난 두 젊은이는 범상하지 않았다. 진주 보배를 펼쳐 놓은 듯, 옥에서 안개가 피어오르듯, 화려하고도 영롱한 시문은 어느 시골 선비의 수준과 확연히 달랐던 것이다. 하지만 재주를 한껏 뽐내며 한유와 같은 문장을 배우고 싶어 했던 그들은, 따끔한 충고가 필요한 혈기왕성한 젊은이기도 했다. 김종직은 그 점을 에둘러 말하지 않고 곧바로 나무랐다. 문장을 배우려면 자기를 찾아오지 말고 한유韓愈 같은 다른 선생을 찾아가고, 『서경』처럼 난해한 문장에 힘쓰지 말고 마음을 맑게 하는 본연의 학문에 충실해야 한다고. 그런 충고를 받은 뒤로부터 김굉필은 성리학의 초학서인 『소학』에 전념하여 결국 '소학동자小學童子'라는 별칭을 얻기도 했다. 그런 삶의 전환을 남효온은 다음과 같이 증언한 바 있다.

(김굉필은) 손에서 『소학』을 놓지 않았으며, 한밤중이 된 뒤에

라야 잠자리에 들었고 닭이 우는 새벽이면 일어났다. 사람들이 국가의 일을 물으면 그때마다 말하기를, "『소학』을 읽는 아이가 어찌 큰 의리를 알겠는가?" 하였다. 일찍이 시를 짓기를 "문장에 종사해도 천기를 알지 못했지만, 『소학』의 글 속에서 어제의 잘못을 깨달았노라"(業文猶未識天機, 小學書中悟昨非) 하였다. 점필재 선생이 평하기를 "이것은 곧 성인이 되는 근본 터전이니, 원나라의 허형許衡 이후에 어찌 그만한 사람이 없다고 하겠는가?" 하였으니, 김굉필을 추중함이 이와 같았다.

남효온, 『추강집』, 「사우명행록」

남효온은 김굉필과 동갑으로 절친한 친구였으니, 사실의 기록이라 믿어도 좋다. 김종직의 함양군수 시절에 맺어진 김종직과 김굉필의 사제관계는 이후에도 계속 이어졌다. 처음 만났을 때 지어준 시에서도 앞으로 자주 찾아오라 당부하고 있거니와, 이듬해인 성종 6년(1475)에는 김굉필을 '우리의 무리'(吾黨)라 일컬을 정도로 사제관계가 깊어졌다. 또한 김굉필은 성종 8년(1477)에는 이승언 · 원개 · 이철균 · 곽승화 · 주윤창 등과 함께 선산부사로 있던 김종직을 찾아가 몇 달 동안 가르침을 받았다. 뿐만 아니다. 성종 10년(1479) 모친상의 여묘살이 때도 찾아갔고, 성종 20년(1489) 밀양으로 낙향했을 때도 찾아갔다. 김굉필에게 김종직은 배우고 배워도 계속 배워야 할 만한 영원한 스승이었고, 김종직에게 김굉필은 학문의 처음부터 끝까지 함께할 만한 미더운 제자였던 것이다.

2) 지역의 강학활동과 돈독한 사우관계

함양군수 시절에 지은 김종직의 시를 읽어 보면, 제자들과 주고받은 때 가장 활달하고 생기 넘친다. 제자를 만나 가르치는 것이 그만큼 기쁘고 보람 있었기 때문일 터이다. 김종직의 꾸준한 강학과 교화의 결과, 함양의 면모도 일신했다. 구체적인 증언이 남아 있다. 김종직이 함양군수로 있던 성종 5년(1474) 겨울, 조정의 원로 강희맹은 함양 근처에서 모친의 삼년상을 치르고 있는 중이었다. 그때, 김종직이 함양을 어떻게 교화시켜 나갔는지 그 결과를 직접 듣고 확인할 수 있었다.

> 함양은 지리산 산골에 있는 궁벽한 고을이다. 나는 갑자년(1454) 겨울 제계리蹄界里 농장에 우거하며 과거공부를 하고 있었는데, 함께 강론할 선비가 있으면 좋겠다고 생각했다. 당시 향교는 거의 버려진 상태였다. 학적에 올라있는 자는 수십 명에 불과한데, 모두 무지하고 고루한 무리들이었다. 21년이 지난 갑오년(1474) 여름 모친상을 당하여, 그해 겨울 식구를 데리고 영남으로 내려갔다. 그때 일선一善 출신의 김종직이 함양군

수로 있었는데, 고을 부로들이 번갈아 가며 칭송했다. "사또께서 문교文敎를 숭상하여 문교가 크게 일어났습니다. 인접한 여러 고을에서 사족 자제 가운데 양식을 싸 가지고 배우러 오는 자가 무려 수십 명입니다. 그리고 학업이 성취되어 과거에 응시한 자가 십여 명인데, 사마시에 합격하여 대과를 준비하고 있는 자만 꼽아도 대여섯 명이 넘습니다. 급제하여 벼슬하고 있는 창녕의 조위曺偉, 고령의 유호인兪好仁 같은 사람은 모두 사또가 키워 낸 제자인데, 웅문거필雄文鉅筆로 남쪽에서 이름을 떨치고 있습니다."

강희맹, 『사숙재집私淑齋集』, 「수찬 유호인이 부모 봉양하러 가는 것을 전송하며」(送兪修撰歸養序)

지리산 첩첩산중의 함양고을을 20여 년 뒤에 완전히 다른 모습으로 바꾸어 놓은 사람은 김종직이다. 공부하는 사람을 한 명도 찾아보기 어렵던 산골에서, 대과를 준비하는 사람만도 5~6명에 이를 정도가 되었다고 한다. 실제로 김종직과 주고받은 시문을 통해 그들의 면면을 확인할 수 있다. 함양군수로 부임하기 전부터 사제관계를 맺고 있던 처남 조위曺偉와 생질 강백진康伯珍·강중진康仲珍으로부터 김흔金訢·표연말表沿沫·유호인兪好仁·정여창鄭汝昌·김굉필金宏弼처럼 잘 알려진 제자는 물론이고, 박맹지朴孟智·임정숙林貞叔·한백원韓百源·도영창都永昌·정희소鄭希

강희맹 자화상

韶 · 변백옥卞伯玉 · 정세륭鄭世隆 · 곽승화郭承華처럼 다소 생소한 이름들까지 구름처럼 많은 제자를 길러 냈던 것이다. 정말 놀라운 변화였다.

강희맹도 처음에는 함양 부로의 말을 믿지 못해 "이 고을은 하늘이 버린 곳인데 어떻게 이처럼 쉽게 파천황할 수 있었을까?"라며 의심할 정도였다. 하지만 김종직을 따라온 유호인을 직접 만나본 뒤로는 김종직이 거둔 교화의 실질을 믿게 되었다. 실제로 성종 3년(1472) 급제한 표연말은 물론이고 조위 · 유호인도 성종 5년(1474) 식년시에 급제한 뒤 사가독서賜暇讀書에 뽑혔다. 함양군수로 있을 때 배운 이들 제자들은 서울에서 한창 문명을 드날리고 있었던 것이다. 성종 7년(1476) 7월 말, 함양군수의 임기를 마치고 서울에 올라와 있던 김종직은 장의사藏義寺에서 사가독서하고 있던 제자들을 찾아가 직접 격려하기도 했다.

여섯 군자는 사가독서에 만 번이라도 뽑힐 재주,
요순시절 만드는 책임이 그대들 한 몸에 있다네.
지금 조정에서 중추요직 맡은 사람들을 보게나,
반 너머 모두 세종께서 양성했던 인재들이라네.
六君萬中青錢選　陶鑄唐虞在一身
請看廊廟權衡手　半是英陵儲養人

『점필재집』, 「장의사에서 글을 읽는 공들에게 바치다」(呈藏義寺讀書諸公) 제1수

제1구의 '여섯 군자'(六君)란 사가독서를 하고 있는 조위 · 채수 · 권건 · 허침 · 유호인 · 양희지를 가리킨다. 이들은 대체로 30대 초 · 중반의 나이로, 장래가 촉망되는 손꼽히는 인재들이었다. 이들 가운데 조위 · 유호인 · 양희지 · 채수는 김종직에게 직접 배우거나 제술製述로 과차科次를 받았던 제자들이다. 이들에게 주는 시에서 밝히고 있듯, 김종직이 젊은 제자를 교육하는 목표

는 분명했다. 요순시절과 같은 태평성대를 만드는 책임을 짊어지는 인재가 되어야 한다는 것이다. 그리고 지금 조정에서 중추적 역할을 맡고 있는 인물들 대부분은 세종이 집현전에서 길러낸 인재임을 상기하고 있다. 김종직은 유교문명을 열어 갔던 세종의 시대, 집현전에서 수행한 인재육성의 전례를 이어받아 성종의 시대인 지금 자신이 그런 역할을 감당하겠노라 자임하고 있었던 것이다. 장의사에서 독서를 하던 그들은 이듬해인 성종 8년(1477) 3월 송도를 함께 유람했는데, 그때 지은 시를 「유송도록遊松都錄」으로 엮어 스승 김종직에게 발문을 청하자 이렇게 당부하기도 했다.

> 훌륭하도다, 감계鑑誡가 밝고 풍유諷諭가 드러나기로는 『시경』 삼백 편의 뜻도 이것을 넘지 않을 것이다. 그대들은 지금 경연에서 임금을 가까이 모시면서 명철한 군주 돕는 것을 직무로 삼고 있다. 어전에서 엎드려 군주에게 잠명箴箴을 올릴 적에 멀리 옛날의 일을 끌어댈 것도 없이 고려의 치란治亂을 가지고 귀감으로 삼아 임금을 깨우치고 인도한다면, 이 기록(『遊松都錄』)도 의당 도움이 있을 것이다.
>
> 『점필재집』, 「송도록 발문」(跋松都錄)

위의 발문을 쓰던 성종 9년(1478) 여름은 김종직이 선산부사로 있을 때였다. 제자 조위가 멀리까지 찾아 내려와 스승에게 발문을 부탁했던 것이다. 김종직은 송도를 유람하고 돌아와 지은 제자들의 시를 보면서 매우 흡족해 했다. 그들의 송도유람이 단순한 유흥에 그치지 않고 있음을 확인했기 때문이다. 망국의 고도古都인 송도에 남은 유적들을 둘러보며 느낀, 역사의 흥망성쇠에 대한 감계鑑戒와 풍유諷諭의 뜻으로 가득 차 있었던 것이다. 그것은 자신이 지난날 역사에 깊은 관심을 갖고, 제자들에게 힘주어 가르친 내용이기도 했다. 김종직은 경연에서 성종을 모시고 있는 젊은 제자들에게, 감계와 풍유의 정신으로 임금을 역사의 바른 길로 인도할 것을 거듭 당부했던 것이다.

앞서 살펴보았듯이 김종직이 성종 7년(1476) 8월 선산부사로 내려오게 된 가장 큰 이유는 중시重試의 폐지를 건의하다가 조정의 훈구공신에게 미움을 받았기 때문이다. 자의반 타의반의 좌천이었으니, 참담하고 울울할 만도 했다. 하지만 그런 상황에서도 김종직에게 있어 가장 큰 기쁨이자 보람은 성장하는 제자들을 지켜보는 일이었다. 그리하여 함양군수 시절과 마찬가지로 후진 양성에 온힘을 기울였다.

태수의 품속엔 작은 칼도 없건마는	太守胸中無寸鐵
돼지가 이미 제 머리를 잃었구나.	烏將軍已喪其元
오늘 아침 경전 공부하는 그대들에게 묻노니	朝來爲問窮經客

변변찮은 음식 먹으며 저물도록 글 읽었는가. 幾把虀塩到日昏

『점필재집』, 「향교에서 공부하는 제자들에게 돼지머리를 주다」(豕首與遊學諸子)

많은 제자들이 선산향교를 찾아와 경전을 공부하였고, 김종직은 그들을 가르치다 때로는 돼지를 잡아 먹이며 격려하기도 했다. 이때 함께 찾아와 공부하던 학생은 생원 이승언, 참봉 원개, 생원 이철균, 진사 곽승화, 수재 주윤창, 수재 김굉필 등이었다. 어떤 제자는 사마시를 거친 생원과 진사였고, 어떤 제자는 이미 관직을 맡고 있었으며, 어떤 제자는 아직 성균관에 다니는 유생 신분이었다. 함양군수 시절보다 제자의 면면이 훨씬 다양해졌

선산향교

다. 함양군수 시절 가르친 표연말·유호인·조위 등과 같은 초기 제자들이 이미 과거에 급제하여 이름을 떨치고 있던 터라, 그들의 후배 세대들이 김종직의 명성을 듣고 선산 인근은 물론 서울에서까지 찾아와서 배우고 있는 까닭이다.

이들이 선산향교에 모여서 몇 달에 걸쳐 그토록 열심히 경전을 강론한 까닭은 성종 8년(1477) 8월에 열릴 알성시謁聖試를 준비하기 위해서였다. 공부를 마치고 과거를 보기 위해 서울로 떠나는 이들 제자에게 지어 준 전별의 시는 정겹고도 간곡했다.

선비 옷 입은 젊은이들 무리를 지어 오니
월파정 서쪽으로 오는 소리 기쁘게 들었지.
소박한 박 잎 요리가 닭고기 국보다 나은데
자잘한 홰나무 꽃잎이 말굽 따라 흩날리네.
듣자 하니 성균관에서 과거시험 보인다고 하던데
응당 아름다운 붓으로 훌륭한 시문을 지어 내겠지.
우리 당(吾黨)에 빼어난 선비 많음 자랑스럽거니
눈을 씻고 급제자 명단에서 그대들 이름 보리라.

博帶褒衣正匹儕　跫音喜聽月波西
幡幡匏葉勝鷄臛　細細槐花逐馬蹄
聞道賢關動奎壁　應將彩筆吐虹蜺
自多吾黨多奇士　洗眼行看淡墨題

위의 시는 제목이 제법 길다. "이승언 · 원개 · 이철균 · 곽승화 · 주윤창 · 김굉필이 선산향교에 모여 옛 서적을 토론하며 늙은 나와 몇 개월 동안 묻고 배웠다. 금년 8월에 성상이 과거를 보여 선비를 선발한다고 한다. 여러 제자들이 공부를 마치고 작별인사를 하러 왔기에 시를 지어 전송하다"[24]라고 했다. 제자들이 무리지어 찾아왔을 때의 반가움, 삼복더위도 잊어버린 채 함께 했던 열띤 강론의 시간, 그리고 급제하기를 간절하게 바라는 스승의 기대 등이 진솔하게 토로되고 있다.

그런데 위의 시에서 가장 주목해야 할 대목은 마지막 구절에서 그들을 가리켜 '우리 당'(吾黨)이라 부르고 있다는 점이다. 돌이켜 보면, 김종직은 함양군수 시절에 이미 김굉필 · 신정지를 '우리 당'(吾黨)이라 부른 바 있다. 김종직은 배우러 온 제자들을 단순히 경전의 글자풀이나 가르치고 배우는 사제관계로서가 아니라 시대정신을 공유하는 동도同道 또는 사우師友로서 대우하고 있었던 것이다. 뒷날 조정의 훈구공신들과 중앙의 벼슬아치들이 김종직과 그의 제자들을 '경상선배당慶尙先輩黨'이라며 조롱하고 폄훼한 까닭이기도 했다. 그만큼 그들의 사제관계나 동류의식은 강고했던 것이다. 그리고 김종직은 그런 주변의 비아냥거림에도 흔들리지 않고 지역에서 젊은 제자들과 함께 새로운 시대를 열어가는 강학활동을 멈추지 않았다.

2. 성균관 유생들의 꿈과 좌절, 그리고 시대정신의 스승

1) 성종의 친정체제와 젊은 유생들의 꿈

성종 8년(1477) 여름 선산향교에서 학문을 강론하던 많은 제자들이 과거를 보기 위해 선산을 떠나가고 성종 9년(1478) 여름 사가독서에 선발되어 명성을 날리던 조위가 「유송도록」의 발문을 받기 위해 선산으로 내려오던 무렵, 조정의 분위기는 뒤숭숭하기 짝이 없었다. 발단은 사소해 보였다. 성종 9년(1478) 4월 1일 흙비가 내렸고, 성종은 이런 천재天災가 일어난 까닭이 무엇인지 물었다. 요즘 봄철이면 흔히 보는 황사비에 불과했다. 그런데도 성종은 유난을 떨었던 것이다. 도승지는 흙비가 내리는 것을 보지 못했다며 얼버무리고, 승지들은 창고를 짓느라 민가를 많이 헐어서 그런 재변이 일어난 것 같다고 답했다. 그러나 이것은 성종이 듣고 싶은 대답은 아니었다. 바로 그날 성종은 의정부에 다음과 같은 분부를 내렸다.

> 하늘과 사람의 이치는 서로 같아서 간극이 없으니, 상서로움과 천재지변이 일어나는 것은 오직 사람으로부터 비롯되는 것이다. 나는 임금이 되어 밤낮으로 부지런히 정사를 하며 임무를 다하지 못할까 늘 걱정하고 있다. 그런데도 지난달에는 지진이 일어났고 이번 달에는 흙비가 내렸으니, 재변이 일어나는 것이 어찌 까닭이 없겠는가? 내가 모르는 사이에 세금이 과했는가, 공사하는 일이 번거로웠는가, 형벌이 적중하지 못했는가, 사람 등용을 잘못했는가, 혼인이 때를 잃었는가, 수령의 탐학이 심한데도 출척이 잘못되었는가, 백성들이 고통 받고 있는데도 아랫사람의 사정이 위에 통하지 아니하였는가? 허물을 얻은 이유를 생각하건대, 허물이 실로 내게 있을 것이니 직언直言을 들어 하늘의 벌에 답하고자 한다. 조정 안팎의 신료로부터 민간의 백성에 이르기까지 나의 지극한 마음을 본받아 흙비가 일어난 까닭과 이런 재이를 그치게 할 방도를 숨김없이 진술하도록 하라.
>
> 『성종실록』, 성종 9년 4월 1일

열세 살 어린 나이에 즉위한 성종은 수렴청정과 원상제院相制라는 비정상적 제도의 비호를 받아야만 했다. 성종의 할머니인 정희왕후와 세조 대의 훈구공신인 한명회의 협력에 의해 정국이 운영되었던 것이다. 아니, 그들에 의해 정국이 좌지우지되었다고 해야 옳다. 하지만 성종이 성인이 되자 명분을 잃은 수렴청정과 원상제는 막을 내리고, 성종 7년(1476) 마침내 친정체제親政體制가 시작되었다. 성종 9년(1478) 늦봄에 내린 흙비는 친정체제의 본격적 출범을 알리는 신호탄이기도 했다. 천재지변을 활용해 자신이 펼쳐나가고자 하는 정치적 과제가 무엇인지 천명하고, 그 해결방안을 물어보았던 것이다. 과중한 세금, 인재의 등용, 수령의 탐학, 상하의 불통 등등. 그럼에도 승정원의 승지들과 의정부의 훈구대신들은 엉뚱한 답변만 늘어놓았고 있었다. 이를 불만으로 여긴 성종은 조정의 대소신료는 물론 일반 백성에게까지 해결방안을 올리도록 했다. 그럼에도 조정의 신료들은 여전히 "금주령을 시행해야 한다", "기생을 대동한 잔치를 금해야 한다", "대간의 간언을 받아들여야 한다"는 등 자잘하고 원론적인 방책만 늘어놓았다. 그것 역시 기대했던 답변들과 거리가 멀었다.

마침내 성균관에 다니던 젊은 유생들이 말문을 열기 시작했다. 흙비가 내린 지 일주일이 지난 4월 8일 왕족 출신 주계부정朱溪副正 이심원李深源이 상소를 올리고, 4월 15일에는 성균관 유생 남효온이 상소를 올렸다. 당시 스물다섯 살로 동갑이던 이들의 상소는 조정을 발칵 뒤집어놓았다. 이심원은 세조대의 훈구공신을 등용하지 말아야 한다고 했고, 남효온은 소릉昭陵을 복위해야 한다고 했다. 소릉은 영월에서 죽임을 당한 단종의 생모이자 문종의 왕비였던 현덕왕후顯德王后로서, 세조의 왕위찬탈 직후 서인庶人으로 폐해져서 종묘에서 신주가 내쳐지고 문종의 왕릉인 현릉顯陵에서도 쫓겨난 상태였다. 이심원의 상소도 파란을 일으켰지만 소릉복위의 내용을 담은 남효온의 상소는 더욱 큰 파란을 일으켰다. 소릉복위는 세조가 왕위를 찬탈하는 과정에서 자행한 반인륜

이심원 증시 교지. 주계군朱溪君 이심원李深源은 연산군 때 죽임을 당했다가 반정 후 신원되었고, 고종 때 '문충文忠'이라는 시호를 받았다.

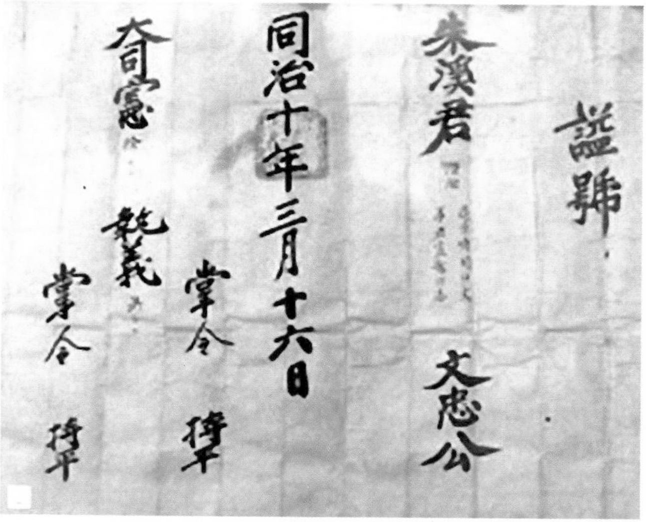

적 행위를 정면에서 문제 삼은 정치적 사안이었기 때문이다.

동시에 이심원과 남효온의 상소는 당시 젊은 선비들의 꿈이 무엇이었는지 압축적으로 보여 준다. 4년 뒤인 성종 13년(1482) 봄 성균관 유생들이 성균관 벽에다 익명의 시를 지어 걸어 선생의 무능을 신랄하게 풍자할 때, "남생南生이 올린 상소에 심장이 두근거렸을 것"이라며 남효온이 올린 상소문의 내용을 환기시키고 있을 정도였다. 남효온이 올린 상소가 성균관 유생들과 깊은 공감대를 형성하고 있었음을 보여 주는 사례이다. 이처럼 성종대 성균관 유생들의 꿈과 희망을 집약하고 있는 남효온의 상소는 모두 여덟 가지 내용으로 구성되어 있다. 첫째 혼인을 바르게 할 것(正婚姻), 둘째 수령을 잘 가려 뽑을 것(擇守令), 셋째 인재등용을 신중히 할 것(謹用舍), 넷째 내수사를 혁파할 것(革內司), 다섯째 무불 행사를 멀리할 것(闢巫佛), 여섯째 학교를 진흥할 것(興學校), 일곱째 풍속을 바로잡을 것(正風俗), 여덟째 소릉을 복위할 것(復昭陵)이 그것이다. 흙비가 내리던 날, 성종이 자신의 정치적 과제로 설정한 항목들을 거의 망라하고 있다.

하지만 이들 가운데 대부분은 유교국가에서 반론을 제기할 명분이 없는 원론적 내용이라 특별히 문제될 것이 없었지만, 앞서 지적한 소릉복위의 건의는 정치적으로 매우 민감한 사안이었다. 그럼에도 불구하고 당시 권력을 장악하고 있던 훈구공신들은 그런 소릉복위 문제보다 학교 교육의 진흥(興學校)을 담은 여섯 번째 항목을 훨씬 격렬하게 문제 삼았다. 제목으로만 보면 별 문제 없는 당연한 내용이었을 법한데, 왜 그리도 민감하게 반응했던 것일까? 사안의 심각성을 확인해 보기 위해, 남효온이 올린 상소문의 이들 두 대목을 직접 읽어 보자.

> 여섯째, 성균관 또한 유명무실해졌습니다. 자구字句만 풀이하는 훈고訓詁의 학문과 시문詩文만 짓는 사장詞章의 습속이 사람의 마음에 깊이 들어가서 사람의 마음을 그르친 지 오래되었습니다. 하늘의 이치를 궁구하는 학자와 진실하고 바른 선비가 한두 사람 있다 하더라도 성균관에 입학하려 하지 않습니다. 성균관 스승들이 옳지 않은 사람들임을 부끄러워하기 때문입니다. 대개 "내가 저 스승에게 도道를 배우려 하나 저 스승은 도가 없고, 내가 저 스승에게 업業을 배우려 하나 저 스승은 업이 없다"라고 여기고 있습니다. 신이 보건대 그 말이 거짓이 아닙니다.

> 여덟째, 신이 생각하건대 소릉昭陵이 폐해진 것은 사람의 마음에 순하지 않으니, 하늘의 마음에도 순하지 않음을 알 수 있습니다. 비록 "이미 내친 신주神主를 다시 종묘에 들이는 것은 예법에 맞지 않는다"고 하지만, 마땅히 소릉이란 존호를 복위하여 선대 왕후의 예로써 다시 장사 지내어 민심에 답하고 하늘

의 꾸짖음에 답하고 보통보다 만 배나 중한 조종祖宗의 뜻에 답하신다면 어찌 아름답지 않겠습니까.

『성종실록』, 성종 9년 4월 15일

남효온이 요구하고 나선 핵심적 사안은 두 가지이다. 하나는 자신들을 이끌어 줄 제대로 된 스승을 성균관 교수로 보내 줄 것, 다른 하나는 소릉을 복위하여 세조 대의 잘못된 역사를 바로잡아 줄 것이다. 도학을 배워 보려 해도 바른 덕행을 지키고 있는 스승이 없고 학문을 배워 보려 해도 깊은 학식으로 가르칠 만한 스승이 없다는 지적은 참으로 통렬하다. 세조의 왕위 찬탈 과정에서 폭력적으로 자행된 단종 생모의 내침, 그리하여 모두 쉬쉬하고 싶은 반인륜적 행위를 이제는 바로잡아야 한다는 지적도 참으로 통렬하다.

이러한 '참된 스승에 대한 요구'와 '일그러진 역사바로세우기' 야말로 남효온의 시대정신이자 당시 성균관 유생들이 공감하고 있는 꿈이었던 것이다. 그리고 그것은 유교정신에 부합하지 않는 낡은 세대, 유교윤리에 어긋나는 불법세력과의 한판 대결을 선언하는 것에 다름없었다. 조선 전기 훈구파와 사림파의 대결이라는 최대 쟁점은 이 사건을 계기로 불붙기 시작했다. 단초는 미미한 것처럼 보였지만, 파장은 돌이킬 수 없을 만큼 길고 컸다. 아니, 성종 9년(1478) 4월 1일에 내린 사소한 흙비를 천재지변으로 여겼을 정도로 시대의 분위기는 흉흉하기 그지없었던 것이다.

2) 훈구공신의 반격과 젊은 유생의 좌절

남효온의 상소가 올라오던 성종 9년(1478) 4월 15일 바로 그날, 도승지 임사홍任士洪은 곧바로 남효온의 상소문을 젊은 유생들의 붕당朋黨 조짐으로 지목했다. 성종의 구언求言에 의해 올렸던 시폐時弊의 지적이 뜻하지 않게 역적모의로 비화되기 직전의 순간이었다. 당시 붕당은 역모로 간주되어, 의금부에서 국문하도록 되어 있었다. 도승지 임사홍은 무슨 근거로 남효온의 상소를 붕당으로 몰아가려했던 것일까?

> 이 상소는 이심원의 상소와 서로 같습니다. 이심원이 경연慶延과 강응정姜應貞을 천거했는데, 남효온도 경연을 추천하고 있습니다. 신이 듣건대 남효온의 무리에 강응정 · 정여창 · 박연 등과 같은 이가 있는데, 따로 한 무리를 만들어서 강응정을 추숭하여 부자夫子라고 하고 박연을 가리켜서 안연顔淵이라고 한다 합니다. 항상 『소학小學』의 도를 행한다고 이름하여 서로 이론異論을 숭상하니, 이는 진실로 폐풍弊風입니다. 한나라에는 당고黨錮가 있었고 송나라에는 낙당洛黨 · 촉당蜀黨이 있었습니다. 지금 이 무리들이 그것에는 미치지는 못하지만, 치세

에 누가 될 만하니 점점 커지게 두어서는 안 됩니다. 또한 일개 유생으로서 국가의 정사를 가지고 왈가왈부하니 더욱 옳지 않습니다.

『성종실록』, 성종 9년 4월 15일

임사홍은 이심원과 남효온이 따로따로 상소문을 작성하여 올린 것이 아니라 서로 모의 결탁하여 지어올린 것이라 단정했다. 그리고 그 배후로 『소학』을 공부하고 있는 일군의 젊은 유생 집단을 지목했다. 당시 성균관 유생들은 이른바 '소학계小學契'를 결성하여 성리학의 기본서인 『소학』을 공부하고 실천하고 있었는데, 그들을 문제 삼았던 것이다. 『소학』은 유자라면 어릴 때부터 읽고 실천해야 하는 기본서인데도 불구하고 그걸 공부하는 것이 위험하다고 몰아붙이던 아이러니한 상황, 그것이 바로 성종대의 분위기였던 것이다. 이런 점에서 김종직이 함양군수 시절 김굉필을 비롯한 젊은 제자들에게 『소학』 공부를 권유한 것이 어떤 시대적 의미를 지니고 있었는지 간접 확인할 수 있다. 원칙을 지켜야 한다는 것, 그것은 불법적인 권력집단에게는 가장 무서운 요구인 경우가 많다. 요즘도 준법투쟁이야말로 대처하기에 가장 곤혹스런 집단행동이 아니던가.

어쨌든 당시 성균관 유생들은 유학의 기본서인 『소학』을 공부하고, 그 가르침대로 실천하는 것이 유교문명의 시대로 가는 첫걸음이라 굳게 믿고 있었다. 훈구대신들도 거기에 대해서는 할 말이 없었다. 대신, 그들의 '불손한' 태도를 문제 삼는 방식으로 전략을 바꿨다. 젊은 유생들이 끼리끼리 작당하여, 감히 선배와 스승을 욕보이고 있다는 식으로 말이다. 남효온의 상소를 붕당으로 몰아가려 했던 임사홍의 지적을 더 들어보자.

> 신이 이 상소를 보건대, "내가 저 사람에게서 도道를 배우려 하나 저 사람은 도가 없고, 내가 저 사람에게서 학업學業을 배우려 하나 저 사람은 학업이 없다" 하였습니다. 남효온은 일개 유생儒生으로서 사유師儒가 적당한 사람이 아닌 것을 부끄러워함은 옳지 못합니다. 또 "몸이 옥당에 있고 벼슬이 당상에 이르러 봉록이 후하지 않은 것이 아닌데, 오히려 한 명의 누이를 포용하여 양식을 주어서 생활하도록 하지 아니한다" 하였으니, 이는 반드시 가리키는 사람이 있을 것입니다. 국가에서 이를 듣고도 묻지 아니하면 옳지 못합니다. 그리고 "소릉昭陵을 추복追復하라"는 것은 신하된 자로서 감히 의논할 수 없는 일인데, 지금 남효온이 마음대로 의논하였으니 옳지 못합니다.
>
> 『성종실록』, 성종 9년 4월 15일

임사홍이 문제로 들고 나선 내용은 크게 세 가지이다. 첫째 일개 유생이 자기의 선생을 배울 것이 없다고 노골적으로 비판한 점, 둘째 어떤 당상관이 자기 누이 하나 거두어 주지 않는다고 비난하고 있는데 그게 누구인지 물어야 한다는 점, 셋째 신하된 자가 감히 왕실의 문제인 소릉 복위를 거론해서는 안 된다는 점이 그것이다. 이 가운데 세 번째로 문제 삼고 있는 소릉복위는 가장 무겁고 민감한 사안이었다. 실제로 연산군 10년(1504) 갑자사화 때 소릉복위를 주장한 죄를 물어 이미 죽은 남효온은 부관참시되고, 그의 아들 남충세南忠世는 아비의 죄에 연좌되어 참수되었을 정도였다.

하지만 이때는 훈구공신이 여기에 대해서 애써 침묵했다. 아마도 자신들이 깊이 연루된 문제를 자꾸 건드려 사태를 키우는 것이 결코 유리하지 않다고 판단했던 듯하다. 대신 자신을 가르치는 성균관 스승을 두고 무능하다고 노골적으로 비판하거나 누이를 돌보지 않은 스승의 비리를 들추어낸 것을 물고 늘어졌다. 그리고는 전격적으로 성균관동지사 홍경손洪敬孫과 홍문관부제학 유진兪鎭이 사직서를 올렸다. 물론 진심이 아니었다. 남효온의 비판에 맞서기 위한 훈구대신들의 집단적 무력시위였다. 그 점을 잘 알고 있는 성종은 사직서를 반려했다. 그런 포즈를 한 차례 취하고 난 뒤, 훈구대신 몸통들의 본격적인 반격이 시작되었다. 당대의 거물 한명회와 서거정이 차례로 나서서 '제자로서 사제의 도리를 어긴 점'과 '유생 신분으로 조정의 문제를 거론한 점'을 문제 삼으면서 사태의 본질을 노회하게 비틀어 갔다. 지금도 그렇지 않은가? 학생들이 사회 문제를 지적하고 나서면, "학생 신분으로 공부나 열심히 할 것이지" 라며.

친정親政을 계기로 제대로 된 정치를 펼쳐 보기 위해서 광범위한 의견을 수렴하려다가 훈구대신의 강한 반발에 맞닥뜨린 성종은 곤혹스러웠다. 성종은 자신이 구언을 했는데 그걸 가지고 처벌하는 것은 옳지 않다며 남효온의 국문은 겨우 막아 주었다. 하지만 이심원과 남효온은 그날 올린 상소로 말미암아 평생 울울한 삶을 살아야 했다. 이심원은 '불효자' 라는 낙인이 찍혀 황해도 장단과 강원도 이천으로 옮겨 가며 유배를 가야 했고, 남효온은 '미친 서생' (狂生)의 취급을 받으며 현실정치에서 완벽하게 배제되었던 것이다.

이때, 젊은 성종과 젊은 유생은 처절한 패배를 맛보았다. 아직은 노회한 훈구대신의 위력이 스물두 살의 젊은 성종의 의욕을 압도하고 있었고 성균관 유생의 들끓는 공론보다 훨씬 막강했던 것이다. 하지만 남효온의 상소를 계기로 당대 젊은 선비들이 진정으로 꿈꾸고 있는 것이 무엇인지 분명해졌다. 자신들을 새로운 도학정신과 학문세계로 이끌어 줄 만한 시대의 스승을 갈망하고 있었던 것이다. 그런 점에서 성종 8년(1477) 12월 12일 경연에서 손비장孫比長이 선산부사로 있는 김종직을 성균관 교수로 불러올리자고 아뢰었던 일은 의미심장하다. 조정에서 흙비를 둘러싼 이런 논란이 벌어지기 불과 넉 달 전이었다.

> 지금 사유록師儒錄이 너무 번잡하여 정밀하지 못합니다. 김종직은 부모가 연로하여 지금 선산부사로 있는데, 재주와 행실이 모두 넉넉하여 교주敎胄를 맡을 만한 자입니다. 또한 김계창 · 최경지 · 성현 · 유윤겸 같은 사람도 모두 여기에 뽑힐 만한 자이고, 표연말도 학문에 뜻을 두어 자못 정통하고 능숙합니다. 지난번 이극기가 대사성이 되어 유생을 가르쳤을 때, 강론에 열중하였기 때문에 유생들이 모두 심복하였습니다.
>
> 『성종실록』, 성종 8년 12월 12일

『사유록』은 세종 21년(1439)부터 기존 관료 중에서 인품과 학식이 뛰어난 사유師儒를 추천에 의해 선발한 뒤, 중앙관학의 교수로 임명하던 제도였다. 손비장은 여기에 들 만한 인물을 여럿 들고 있다. 김종직을 비롯하여 김계창 · 최경지 · 성현 · 유윤겸 · 표연말 등등. 특히, 선산부사로 있는 김종직을 성균관 교수로 불러 올려야 한다는 것을 우선적으로 내세웠다. 하지만 성종은 가타부타 답을 내리지 않았고, 김종직은 서울로 올라와 성균관 유생들을 가르칠 수 없었다. 그렇다고 함께 거론된 다른 사람도 성균관 교수로 임명하지 못했다.

이런 상황에서 참된 스승을 요구하던 이심원과 남효온이 곤욕을 치르게 되었건만, 성균관의 상황은 전혀 개선될 조짐조차 없었다. 성균관 유생들의 불만은 점점 끓어올랐다. 남효온이 상소를 올린 이후, 성균관은 물론이고 서학西學·남학南學 등 더 젊은 유생들도 제대로 된 스승을 요구하는 상소들을 속속 올리고 있었다.[25] 유생들은 자신의 의견을 집단적으로 개진하고 나설 만큼, 스승을 평가하는 잣대는 점점 명확해지고 있었던 것이다. 그러다가 결국 성종 13년(1482) 윤8월 20일 사건이 벌어지고 말았다. 성균관 유생들이 성균관에 벽에 써서 붙인 한 장의 풍자시가 조정을 발칵 뒤집어 놓았던 것이다. 거기에는 이제까지 보였던 건의의 차원을 훌쩍 뛰어넘는, 성균관 교수에 대한 노골적인 조롱과 비판이 가득 차 있었다.

> 누가 성균관을 벼슬길로 들어가는 문이라 했는가?
> 썩고 용렬한 무리들만 그 벼슬을 차지하고 있구나.
> 술잔을 들어 마시면서 양 볼만 씰룩거리고
> 입만 열면 유생을 꾸짖고 흉악한 성질만 부리네.
> 동지사 홍경손이 죽어도 동지사 임수겸은 남았으며
> 학관 이병규가 갈려 가자 학관 조원경이 새로 왔네.
> 늙은 놈은 어서 바삐 산관散官에 두어야 마땅하고
> 벌레 같은 김석원은 속히 한직閑職에 두어야 적합하리.
> 남효온南孝溫의 상소에 심장 두근거렸을 것이며
> 이오李鰲의 시문에는 간담 또한 서늘해졌으리라.
> 誰云芹館是賢關　陳腐庸流尸厥官

擧酒擬唇掀輔頰　吒儒張口肆兇頑
洪同已逝林同在　李學纔歸趙學還
老漢只應忙置散　蟲餘端合早投閑
南生疏奏心應悸　李子詩章膽亦寒

『성종실록』, 성종 13년 윤8월 20일

시의 내용은 통렬했다. 시에서는 홍동洪同이니 임동林同이니 성만 밝혔지만, 해당 실록의 기사를 적은 사신은 사평에 하나하나 이름을 밝혀두고 있다. 누구인지 바로 알 수 있었던 것이다. 젊은 유생들을 은근히 비호·장려해 온 성종이었지만, 이런 상황을 보고는 참을 수 없었다. 그래서 "성균관 유사들을 국문하는 동안 과거시험을 중단시켜 풍속을 바로잡으라. 또한 스승 비방하는 시를 지어 기롱하고 모욕한 것에 대해, 성균관 유사들을 끝까지 조사하여 아뢰라"라는 엄명을 내렸다. 그러고는 성균관 유생 수십 명을 의금부에 가두고 주범을 색출하는 작업에 나섰다. 하지만 끝내 주모자를 밝혀 내지 못한 채 9월 27일 모두 방면하게 된다. 한 달이 넘는 가혹한 국문에도 불구하고 끝내 주범을 밝혀 내지 못했을 만큼, 당시 성균관 유생들의 불만은 컸고 결속의 정도는 공고했던 것이다.

이런 암담한 성균관의 상황과 개선의 조짐이 없는 조정의 분위기에 당대 젊은 유생들은 좌절했다. 상소를 올렸던 이심원은 불효죄로 낙인 찍혀 평생 초야에 묻혀 살아야 했고, 남효온은 과거의 뜻을 접은 채 전국 방랑을 시작해야 했다. 그리고 새로운 시대를 갈망했던 김굉필, 양준·양개 형제, 우선언, 홍유손, 강흔, 김기손·김일손 형제 등은 서울을 등지고 영남으로 내려갔다. 그곳에 김종직이 있었던 것이다. 심각한 좌절을 겪던 성종 대의 젊은 선비들에게 김종직은 기대를 걸어 볼 만한 거의 유일한 스승으로 여겨졌다. 김종직이 전국의 스승으로 떠오르는 순간이었다.

3) 밀양으로 몰려든 전국의 제자

성균관 유생들의 풍자시로 조정이 파란에 휩싸여 있을 무렵, 김종직은 선산부사로 있다가 노모의 죽음을 맞이하여 밀양에서 삼년상을 치르고 있었다. 시끄러운 세상과 거리를 둘 법도 했지만 그럴 수 없었다. 그곳에서도 후진교육은 여전했다. 더 많은 젊은 제자들이 찾아왔기 때문이다. 김종직을 찾아 밀양 산골로 내려 간 그들은, 중앙 조정에서 벌어지고 있는 훈구대신의 전횡과 성균관의 퇴락에 절망하고 상처받은 젊은 영혼들이었다. 남효온과 절친했던 우선언禹善言도 김종직을 찾아가는 그 행렬에 동참했다. 그때, 남효온은 한강 나루터에서 이렇게 전송했다.

우리 같은 무리 세상에 몇이나 될까	吾徒世幾多
뜻 맞는 사람 한둘 헤아릴 수 있을 뿐.	可人一二數
안응세安應世는 죽어 귀신 명부에 들었고	子挺落鬼錄
홍유손洪裕孫은 잡무 처리에 고달프다네.	餘慶困刀簿
문을 닫고 다만 앉아서 근심만 하는데	杜門但坐愁
초가지붕에는 비바람이 몰아치네.	屋茅風以雨
마음 아는 이는 오직 우선언禹善言 뿐이니	心知惟德父
마음 씀이 지극히 맑고 굳세었다네.	用心極淸苦
하지만 우리들 집에 오동나무 없으니	然我家無桐
어찌 봉황의 날개를 머물게 할 수 있으리.	安得留鳳羽
천 리를 달리려는 새로운 각오를 문득 품고서	翻懷千里思
영남 땅으로 책 상자를 지고 내려가네.	負笈嶺南土
말하기를 점필재佔畢齋 선생을 배알하고	爲言拜佔畢
곧이어 뇌계주인 유호인兪好仁을 찾고,	旋訪㵢溪主
그런 뒤에 남쪽 바다를 구경하고	然後訪南溟
지리산 나무에서 몸을 쉬겠다고 하네.	躳憩頭流樹
어찌 외로운 나를 더욱 외롭게 하는가	夫何益孤我
근심과 한스러움 엇갈려 찾아드네.	愁與恨交午
밀물은 차가운 다듬이 소리에 울고	落潮鳴寒杵
뭉게구름은 아득한 포구에 솟아나네.	屯雲出極浦
산이 밝아 붉은 단풍 메마르고	山明紅葉乾

맑은 눈물은 수풀 속에 떨어지네. 清淚迸林莽
돌아올 땐 응당 해가 바뀌어 있으리니 歸來應歲換
차마 이별의 금루곡金縷曲 부르지 못하네. 不堪唱金縷

남효온, 『추강집』, 「영남으로 돌아가는 풍애 우선언을 보내며」(送楓崖禹德父歸嶺南)

성종 12년(1480) 11월 무렵이다. 이때, 서울의 젊은 사류들은 자신의 올바른 삶을 치열하게 모색하고 있던 중이었다. 하지만 그 길은 쉽지 않았다. 남효온과 절친했던 안응세는 세상의 시름을 잊으려는 폭음으로 갑자기 세상을 떠났고, 홍유손은 낮은 신분의 굴레에 묶여 뜻을 펴지 못하고 있었다. 갑갑한 현실을 견딜 수 없던 우선언은 서울을 떠나 정처 없는 방랑의 길을 떠나기로 결심했다. 뿔뿔이 흩어지던 젊은 영혼들의 초상이다. 그런 까닭은, 남효온이 시에서 지적하고 있듯, 비록 봉황과 같은 큰 뜻을 품고 있다지만 봉황이 내려앉을 만한 오동나무가 그 어디에도 없었기 때문이다. 우선언은 천 리를 달리겠다는 각오를 새롭게 하며, 그걸 준비할 장소로 남쪽 변방을 떠올렸다. 그곳에는 젊은 선비들이 존경하고 있는 김종직이 있었고, 김종직에게 배워 명성을 드날리고 있는 유호인도 있었다. 김종직은 밀양에서 모친상을 치르고 있던 중이었고, 유호인은 노모 봉양을 위해 거창현감으로 내려가 있던 중이었다.

당시, 영남지역은 시대의 스승 김종직만이 아니라 시대의 선배 유호인과 같은 인물들이 모여 있던 그런 장소였다. 우선언은 그들에게 새로운 배움을 통해 새로운 삶의 길을 찾아보고자 결심했다. "그런 뒤에 지리산에 들어가서 쉬겠다"는 우선언의 말도 예사롭지 않다. 성종 3년(1472) 김종직이 함양군수로 있으면서 조위·유호인과 같은 제자들과 함께 지리산에 오른 뒤, 김굉필·신정지·홍유손·양준·남효온·최충성·김일손·정여창 등 젊은 제자들도 속속 지리산을 찾았다. 그곳에서 울울한 현실의 좌절을 위로 받거나 새로운 학문의 길에 정진하기도 했다. 지리산 등반은 김종직의 젊은 제자들에게는 일종의 성지순례와도 같은 것이었다. 실제로 우선언은 여묘살이하던 김종직에게 배움을 받은 뒤, 지리산과 금강산에서 5년간 떠돌다가 다시 서울로 돌아왔다.[26]

이런 사례에서 보듯 김종직과 그의 제자들은 개별적으로 흩어져 있는 듯이 보이지만, 언제든 함께할 수 있는 학단學團으로서의 동질성을 형성해가고 있었다. 홍유손도 점필재 학단의 멤버 가운데 한 명이다. 홍유손은 본디 신분이 낮아 남양南陽에서 향리 생활을 하고 있었고, 그래서 남효온도 위의 시에서 "홍유손은 잡무처리에 고달프다네"라며 안타까워했다. 그러던 중 재주를 알아본 남양부사 채신보蔡申保가 향리의 굴레에서 벗어나게 해 주었다. 홍유손은 곧바로 김종직을 찾아 밀양으로 달려갔다.

홍유손은 남양南陽 아전 홍순치洪順致의 아들이다. 대대로 집안이 청빈하여 옷이라곤 겨우 몸을 가릴 정도였고, 간혹 속옷도 입지 못했다. 경서經書와 사서史書를 섭렵하였고, 성품이 방달하여 남의 구속을 받지 않으려 했다. 과거시험을 좋아하지 않았고, 향리의 신분을 벗어날 계획도 세우지 않았다. 성종 12년(1481)에 남양부사 채신보蔡申甫가 홍유손이 글을 잘한다고 하여 그의 신역身役을 면제해 주니, 즉시 영남으로 걸어가서 점필재를 찾아뵙고 두보杜甫의 시를 배웠다. 점필재 선생이 "이 사람은 이미 안자顔子가 즐거워하던 바를 알고 있다" 하니, 함께 배우던 사람들이 모두 그를 으뜸으로 여겼다.

『추강집』, 「사우명행록」, '홍유손' 조

남양부사 채신보는 홍유손의 학식과 재주를 안타깝게 여겨 향리의 직무로부터 그를 해방시켜주었다. 채신보는 김종직의 제자 채수의 부친이니, 익히 그가 경서와 사서를 두루 섭렵한 인물이란 사실을 알고 있었을 터다. 홍유손은 향리로부터 벗어나자마자 걸어서 영남으로 여묘살이하던 김종직을 찾아갔다. 어쩌면, 채신보가 주선해 주었을지도 모른다. 어쨌든 김종직의 가르침에 얼마나 목말라 했는지를 충분히 확인할 수 있다. 그리하여 김종직에게 두보의 시를 배웠다고 한다. 그때, 홍유손은 혼자 내려가지 않았다. 양준楊浚·양개楊漑 형제와 함께 갔던 것이다. 이들이 배움을 마치고 돌아가는 날, 김종직은 그들에게 다섯 수의 시를 지어 주며 섭섭한 마음을 달랬다. 첫 번째 수는 이러하다.

서울은 번화하고 맑고 웅장해	神都蔚清壯
성대한 문물이 모인 곳이라네.	藹藹文物藪
조정에는 현신賢臣이 무리를 이루고	朝著夔龍群
성균관에는 출중한 문우文友가 있네.	賢關游夏友
그대들이 도를 듣기 원하고자 하면	子兮欲聞道
그 어찌 합당한 사람이 없겠는가.	其人無不有
그런데 어찌하여 무더운 더위 무릅쓰고	胡爲觸炎瘴
발이 부르트도록 남쪽 끝을 찾아왔나.	累繭窮南斗
아, 나는 불효의 죄가 하늘까지 뻗쳐서	緊我罪通天
여막廬幕에서 다만 쑥대머리를 하고 있다네.	松楸但蓬首
발자국 소리만 들어도 자못 위로받는데	跫音頗自慰
하물며 그대처럼 포부 많이 간직했음에랴.	何況多抱負
경서 가르치는 건 내 감히 못할 일이고	談經非吾事
또한 나는 조행操行도 부족하다네.	而且欠持守
그대들 고마운 후의를 저버릴 수 없으니	厚意不可孤
어찌 굳게 입을 닫고 외면할 수 있으리오.	烏得三緘口

『점필재집』, 「수재 양준과 공생 홍유손에게 주다」(贈楊秀才浚 · 洪貢生裕孫)

제목은 '수재 양준과 공생 홍유손에게 주다' 인데, 그 아래

부제가 달려 있어 창작 배경을 알 수 있다. 김종직은 거기에서 "양준이 자기 아우 양개와 함께 홍유손을 따라 서울로부터 천릿길을 걸어와서 글을 배웠다. 그들이 돌아가던 날, 연연해하며 차마 헤어지지 못하는 표정을 보고서는 당부하는 말을 빠뜨릴 수 없어 오언시를 써서 노자로 준다"라고 밝혀두었다. 홍유손이 양준·양개 형제와 함께 공부하다 돌아갈 때, 위의 시를 전별의 시로 써 주었던 것이다. 그렇다면 향리의 신분에서 벗어난 홍유손을 따라왔던 양준·양개 형제는 또 누구인가? 남효온은 「사우명행록」에서 양준을 간단하게 소개하고 있다. 김종직에게 배웠고, 침착하고 도량이 컸으며, 안빈낙도 할 줄 알았고, 국량이 커서 총명함이 날로 진보했다고. 그러고 난 뒤, "유림儒林이 매우 낮게 보았지만 홍유손만은 알아주었다"라고 덧붙였다. 선비들이 낮게 보았다는 말처럼, 양준 형제는 반인泮人 출신이었던 것이다. 반인이란 성균관에 딸려 있는 천민을 가리키는데, 이들은 주로 쇠고기 장사나 가면극 연희에 종사했다. 양준을 유림들이 낮게 본 까닭이다.

그러고 보면 홍유손이든 양준·양개 형제든 모두 신분제사회에서 천한 부류에 속하는 인물들이었다. 하지만 김종직은 아랑곳하지 않고 모두 제자로 받아들였다. 앞서 찾아왔던 우선언도 평범한 선비는 아니었다. 부친 우공禹貢은 세종 16년(1444) 무과에 급제하여 이시애李施愛의 난에 공을 세워 적개공신敵愾功臣

예림서원 강당. 밀양의 유림은 김종직이 강학하던 밀양 땅에 예림서원을 세우고 김종직을 향사해 오고 있다.

에 책록되고 성종의 즉위에도 공을 인정받아 좌리공신佐理功臣에 책록되어 단성군丹城君에 봉해졌지만, 문신들이 판을 치는 세상에서 무신의 자제였던 우선언은 그 뜻을 제대로 펴기 어려웠을 법하다. 당시 사회에서 용납되지 않던 그들은 김종직과 헤어진 뒤, 서울로 돌아가지 않았다. 서울은 반겨 맞이해 줄 사람도 없고, 돌아갈 마음도 나지 않는 그런 곳이었을 따름이다. 우선언이 그러했던 것처럼, 홍유손과 양준 형제 역시 지리산을 찾아갔다.

그리고 그곳에서 울울한 마음을 달래기도 하고 쌍계사 작은 암자에 틀어박혀 글을 읽기도 했다.[27]

물론 김종직이 삼년 여묘살이를 치르고 있는 동안 찾은 제자는 이런 제자들만 있었던 것은 아니다. 안우安遇·노조동盧祖同·정세린鄭世麟·강흔姜訢 등도 찾아와 배운 사실이 확인된다. 안우와 노조동은 효행으로 이름이 났던 인물이고, 노조동은 시재詩才에 뛰어났던 인물이고, 강흔은 전라도관찰사를 지낸 강자평姜子平의 막내아들이다. 서울과 지역을 구별하지 않고, 귀한 신분과 천한 신분을 막론하고, 재주의 성격을 가리지 않고 당시 젊은 선비들이 밀양으로 찾아내려와 각별한 사제관계를 맺고 돌아갔던 것이다. 지방 고을 밀양이 그 당시 학문의 중심처럼 주목받은 까닭은 '시대의 스승' 김종직이 그곳에 있었기 때문이다. 조금 과하게 표현해 본다면, 김종직이 있는 곳이 바로 젊은 사류의 중심이 되었던 것이다.

3. 김종직의 중앙정계 복귀, 제자들의 기대와 스승의 상황

1) 제자들의 부푼 기대와 깊은 실망

선산부사와 모친의 삼년상을 마치고 난 뒤, 김종직은 은거를 결심했다. 조정의 상황도 여의치 않았거니와, 상중에 하나 남은 아들 곤緄과 손자가 잇달아 죽는 가족사의 비극이 김종직을 실의로 몰아갔던 것으로 보인다. 그리하여 모친상을 마치자마자 처가인 금산金山에 경렴당景濂堂을 짓고 오랫동안 꿈꾸던 전원에서의 강학생활을 막 시작하려던 즈음, 조정에서 홍문관응교로 부르는 서찰이 당도했다. 김종직은 은거와 출사 사이에서 갈등했다. 게다가 제자 김굉필이 올라가지 말라고 간곡하게 만류하는 터라 결정을 내리기가 쉽지 않았다.

현재 김굉필이 보낸 시는 남아 있지 않고 김종직이 화답한 시만 남아 있다. 그런 까닭에 김굉필이 어떤 내용을 담았는지 구체적으로 확인하기는 어렵지만, 조정으로 복귀하려는 스승 김종직을 만류하는 내용이었던 것만큼은 분명하다. 김굉필은 당시 정국이 곪을 대로 곪아 어찌해 볼 도리가 없다고 단정하고 있었다. 실제로 그 자신 성균관에 다니던 성종 11년(1480) 6월 16일 원각사 승려의 처벌을 건의하는 상소를 올렸다가 받아들여지지 않자 낙향해 김종직에게 가르침을 받고 있던 차였다. 게다가 앞서 읽어본 성균관에 내걸린 풍자시에서 보듯, 그 무렵은 젊은 사류의 시대적 불만이 극에 달해 있었다. 벼슬길에 나갈 때가 아니라며 만류했던 것은 그만한 이유가 있었던 것이다.

김종직은 고민에 고민을 거듭하다가 마침내 출사의 길을 선택했다. 아무리 험한 난관이 있더라도 세상에 나아가 세상 바로잡는 일을 '유자의 도리'(吾道)라고 여겼기 때문이다. 성종 13년(1842) 늦봄, 십여 년 동안 함양군수와 선산부사 같은 지방관으로 전전하던 스승 김종직과 서울에서 성균관 유생 생활을 하며 그곳의 정치현실을 뼈아프게 체험하고 낙향한 제자 김굉필은 당대에 대한 시대인식과 출처의 선택이 서로 달랐던 것이다. 스승 김종직은 제자 김굉필에게 다음과 같은 다짐을 하고, 서울로 올라갔다.

큰일을 내가 어떻게 감히 담당하리오	大事吾何敢擔當
고황에는 예로부터 좋은 약이 없다네.	膏肓從古少良方
어전에서 임금의 고문에 장차 대비하자면	細氈顧問如將備
의당 그대의 시 다섯 장을 가져다 외우리.	要取君詩誦五章

『점필재집』, 「김대유金大猷에게 화답하다 5수」(和金大猷 五首)

비록 세상을 바꿀만한 능력은 없지만, 임금의 자문에 응할 때마다 그대가 경계한 말을 늘 명심하겠다는 다짐이 주목을 끈다. 어린 제자의 말도 허투루 넘기지 않으려는 스승의 진지한 마음을 읽을 수 있기 때문이다. 김종직은 제자들을 단지 가르침의 대상이 아니라 도를 함께 하는 동반자로 여기고 있었다. 그래서 지리산에 함께 오르거나 향교에서 함께 공부하던 제자들을 '오당吾黨'이라 즐겨 부르고, 그들과 함께 추구하던 새로운 삶의 길을 항상 '오도吾道'라고 일컬었던 것이다.

어쨌든 이렇게 12년 만에 중앙정계에 복귀한 김종직도 새로운 포부에 부풀어 있었겠지만, 벼르고 벼르던 김종직을 불러올린 성종의 기대도 한껏 부풀어 있었다. 홍문관응교로부터 시작한 김종직의 중앙관직 생활은, 고속승진을 거듭하여 서울로 복귀한 지 불과 2년 반 만에 도승지의 자리에까지 올랐다. 김종직의 파격적인 승진을 지켜보던 조정 안팎에서는 김종직과 그 제자들 간의 남다른 사우관계를 시기하고 폄훼하던 내심을 공공연하게 드러내기 시작했다. 도승지에 임명되던 날, 사관은 다음과 같은 사평을 달아 두었다.

> 김종직은 경상도 사람이다. 박문하고 문장을 잘 지으며 가르치기를 좋아했는데, 그에게서 수업 받은 자 가운데 과거에 급제한 사람이 많았다. 그러므로 경상도 선비로서 조정에서 벼슬하는 자들이 종장宗匠으로 추존하여, 스승이 제 제자를 칭찬하고 제자가 제 스승을 칭찬하는 것이 사실보다 지나쳤다. 그럼에도 조정의 신진 무리들 중 그 그른 것을 깨닫지 못하고 따라서 붙좇는 자가 많았다. 그때 사람들이 이것을 비평하여 '경상도 선배의 무리' (慶尙先輩黨)라고 하였다.
>
> 『성종실록』, 성종 15년 8월 6일

평가가 매우 노골적이다. 김종직이 경상도 사람임을 표 나게 밝힌 뒤, 그의 제자들 가운데 과거에 급제한 자가 많아 종장宗匠으로 추존되고 있지만 그것이 실상보다 지나치다고 깎아내렸다. 그것도 부족하여 급기야 그들을 싸잡아 '경상선배당' 이라 치부해버리고 있다. 요즘말로 하자면 '경상도촌놈들' 쯤 될 것이다. 아니, TK를 연상해도 좋다. 물론 두 집단이 지향하는 바는 무척 다를 테지만. 그럼에도 불구하고 김종직에 대한 성종의 기대는 이런 주변의 시기와 폄훼에 아랑곳하지 않았다. 도승지에 임명한 지 불과 두 달만에 이조참판으로 발탁했던 것이다.

이처럼 성종의 극진한 기대를 한 몸에 받고 승승장구할 즈음, 김종직으로서는 오랜만에 득의의 순간을 맛보기도 했지만 다른 한편 무척 가슴 아픈 순간을 경험하기도 했다. 그토록 믿고 아끼던 김굉필 · 홍유손과 같은 제자들로부터 신랄한 비판을 받아야만 했기 때문이다. 김종직이 이조참판으로 있을 때 김굉필과 다음과 같은 논란을 주고받았다고 남효온은 전하고 있다.

> 점필재 선생이 이조참판이 되었으나 또한 국사를 건의하는 일이 없자 대유(김굉필)가 시를 지어 올리기를, "도란 겨울에 갖옷 입고 여름에 얼음물 마심에 있거늘, 비 개면 가고 비 오면 멈춤이 어찌 전능한 일입니까? 난초도 만약 세속을 따른다면 마침내 변할 것이니, 소는 밭 갈고 말은 탄다는 이치를 누가 믿으리까?"(道在冬裘夏飮氷, 霽行潦止豈全能. 蘭如從俗終當變, 誰信牛耕馬可乘) 하였다. 선생이 화답하기를 "분에 넘치게 관직이 경대부에 이르렀으나, 임금 바로잡고 세속 구제함을 내 어찌 능히 하랴? 이로써 후배로 하여금 오졸함을 비웃게 했으니, 구구한 권세의 벼슬길에는 나설 것이 못 되누나"(分外官聯到伐氷, 匡君救俗我何能? 從敎後輩嘲迂拙, 勢利區區不足乘) 하였으니, 대개 이를 싫어한 것이다. 이로부터 점필재와 사이가 나빠졌다.
>
> 『추강집』, 「사우명행록」

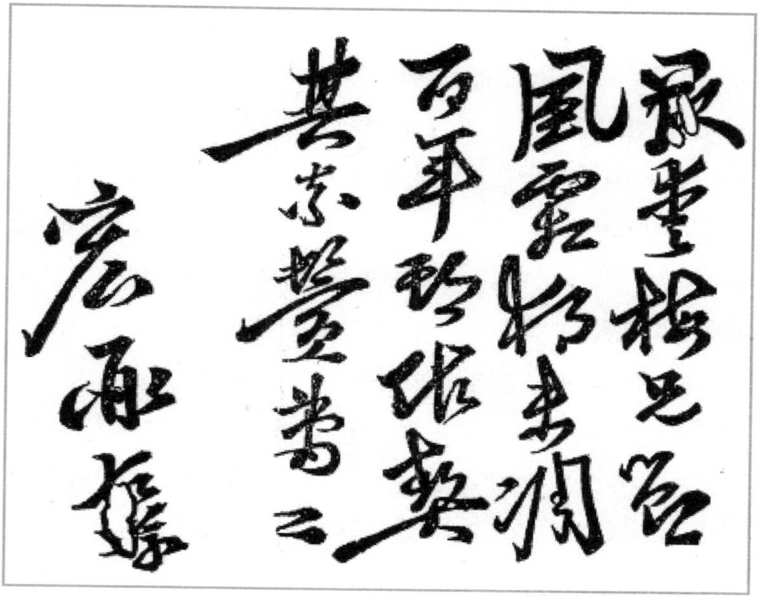

김굉필 유묵

김종직과 김굉필의 사제관계를 이야기할 때마다 으레 거론되는 민감한 사안이다. 남효온은 이런 시가 오고간 까닭을 "점필재 선생이 이조참판이 되었으나 국사를 건의하는 일이 없었기 때문이다"라고 분명하게 밝히고 있다. 「사우명행록」의 다른 곳에서는 그 시절, 제자 홍유손이 김종직에게 했던 날선 불만도 소개하고 있다. 이런 논란을 주고받으면서 김종직은 김굉필과 '갈라지게'(貳) 되었고 홍유손을 '미워하게'(惡) 되었다고 했다. 그도 그럴 것이, 홍유손은 "둥글게 행하고 모남을 싫어하는 것은 노자

老子이고, 홀로만 행하고 남을 돌보지 않는 것은 부처"라며 매우 직설적으로 김종직을 비판했기 때문이다.

뒷사람들로서는 그토록 돈독했던 사제지간에 이처럼 날선 공방이 오고간 까닭을 제대로 이해할 수 없었다. 순천부사로 있으면서 갑자사화 때 죽은 김굉필의 행적을 수습하여 『경현록景賢錄』을 편찬했던, 이황의 제자 이정李楨도 그러했다. 때문에 스승과 제자의 명분과 의리는 중한데 그럴 리가 있겠느냐며, 서로 갈라졌다는 남효온의 기록에 의심을 품기도 했다. 그리하여 기대승에게도 묻고, 이황에게도 물었다. 하지만 이황조차 "한훤공寒暄公의 시는 나도 잘 알지 못하는 곳이 있다"라고 고백할 정도로 확신하지 못했다. 그러면서 자신의 견해를 다음과 같이 조심스럽게 피력했다.

> 나(이황)는 반드시 드러나게 서로 배척해야만 갈라졌다고 말할 수 있는 건 아니라고 생각한다. 스승과 제자 사이라 할지라도 지향하는 목표가 조금이라도 다른 점이 있다면 갈라졌다고 말할 수 있는 것이다. 점필재 선생에 대하여 후학이 감히 경솔하게 평할 수는 없다. 하지만 점필재 문집 속의 시문을 자세히 살펴보면, 그 뜻이 문장을 위주로 하였으며 학문을 강구하는 면에 종사한 것은 별로 없다. 한훤당 역시 학문에 관한 것은 징험할 만한 것이 없지만, 그가 마음을 오로지하여 옛사람의 의리

를 힘써 행한 것은 속일 수 없는 사실이다. 지향하는 바가 이렇게 같지 아니한즉, 비록 스승과 제자의 명분은 정해져 있다 할지라도 어찌 다소 다른 점이 없을 수야 있으랴.

『경현록』, 「사실事實」

김종직과 김굉필의 불편한 사제관계에 대한 정설처럼 통용되기도 하는 언술이다. 하지만 이황도 김종직의 한참 뒤 세대이니, 그가 직접 본 것이 아니다. 그래서 그의 발언은 조심스럽게 제시한 하나의 추정일 뿐 명확한 근거가 될 수는 없다. 어쨌든 이황의 판단처럼, 사제지간이라 해도 지향하는 바가 같지 않으면 길이 달라질 수는 있다. 노론과 소론으로 극명하게 갈린, 스승 송시열宋時烈과 제자 윤증尹拯의 관계가 그러하다. 하지만 김종직과 김굉필의 경우는 사정이 다르다. 남효온이 분명하게 밝혀 두고 있는 것처럼, 공방을 주고받은 사안은 이조참판으로 있을 때의 '건백建白'과 '시사時事'의 문제였다. 이황의 판단처럼 '문장의 길'과 '도학의 길'로 갈린 것으로 확대 해석해서는 안 된다는 것이다. 한껏 부풀어 올랐던 젊은 제자가 스승에게 걸었던 기대와 실망의 문제로 한정해서 생각해야 옳다.

사실이 그랬다. 젊은 선비들의 절대적 지지를 받았던 김종직은 오랜만에 중앙정계에 복귀하여 성종의 두터운 신임을 바탕으로 마침내 이조참판에까지 올랐다. 인사 결정에 중요한 영향력을 행사할 수 있는 요직인 만큼, 훈구공신들의 전횡과 배제로 소외되어 있던 젊은 선비들은 세상이 바뀔 것이라는 기대에 찬 시선으로 김종직의 일거수일투족을 지켜보았다. 도승지에 올랐을 때에는 사신조차도 "김종직이 문장을 잘 짓기 때문에 특별히 지우知遇를 입어, 승정원에 들어가서 좌부승지로 옮겼다가 차서를 뛰어넘어 도승지에 제수되니, 사림士林이 모두 눈을 씻고 그가 하는 일을 바라보았다"[28]라는 사평을 달아 그런 분위기를 사실로 확인해 주고 있다. 하지만 기대가 크면 실망도 큰 법이다. 김종직과 그 제자들도 다르지 않았다. 기대에 못 미치는 스승에게 실망했던 것이다. 그렇다고 실망이 배사背師로 나아가지 않았다. 뒤에서 살펴보겠지만, 김종직과 김굉필의 사제관계는 마지막 순간까지 틀어지지 않았다. 그렇다면 무엇보다 먼저, 이조참판으로 있을 때 김종직이 처했던 정치적 상황과 기대를 잔뜩 걸었던 제자들이 실망하게 된 구체적 계기를 꼼꼼하게 살펴볼 일이다.

2) 스승을 둘러싼 사우들의 논란과 우정

김종직이 성종의 신임에 힘입어 도승지를 거쳐 이조참판까지 올라갔다고는 해도, 훈구대신들의 위세는 여전히 강력했다. 젊은 사류의 존중을 받고 있는 김종직에 대한 시기와 견제는 보다 날카로워졌고, 그런 만큼 운신의 폭도 크지 않았다. 실제로 인사권의 요직을 맡고 있었음에도 불구하고, 김종직은 윤은로尹殷老가 동부승지로 천거되는 것을 막지 못했다. 성종의 비 정현왕후貞顯王后의 부친인 윤호尹壕의 집안사람이었기 때문이다. 때문에 사관으로부터 "먼저 정론正論을 내고도 뜻이 확고하지 않아 권세에 아부하는 꼴을 면하지 못했으니, 평소의 명망이 어디에 있는가?"[29]라는 비판을 받아야만 했다. 뿐만 아니다. 유자광柳子光과 이심원李深源을 함께 서용하는 모순적인 인사 전략에도 성공적으로 대처하지 못했다. 유자광은 서용되었음에도 불구하고, 이심원의 서용은 끝내 성사시키지 못했다. 둘 모두를 함께 서용하기로 결정했음에도 불구하고 한명회·윤필상·서거정 등 훈구대신들의 노회하고도 집요한 반대에 부딪쳐 애초의 약속이 번복되었기 때문이다.

그리하여 신진사류의 오랜 염원이었던 이심원의 정계 진출은 무참하게 좌절되고 말았다. 효령대군의 증손자로서 성품이 단정하고 경학에 밝아 모든 젊은 선비들이 따랐던 이심원은 늙도록 재야에 버려져 지내야 했던 것도 모라자서, 뒷날 갑자사화 때는 두 아들과 함께 죽임을 당하는 비극을 겪어야 했다. 김종직이 이조참판으로 있을 때 일어난 이런 일련의 인사 과정은 한껏 기대했던 제자들로 하여금 스승에게 실망하도록 만들었다. 더욱이 실패를 만회할 기회도 잡지 못한 채, 김지金漬의 등용에 대한 사헌부의 탄핵을 받아 마침내 이조참판에서 물러나게 된다. 그때 김종직이 올린 사퇴의 변은 의미심장하다.

> 김종직이 이숭원과 함께 입궐하여 아뢰기를, "신은 오랫동안 외직을 지내어 조정 신하의 현부賢否를 제대로 알지 못하는 까닭에, 인사 조처가 옳게 되지 못하여 사람들의 의논을 받으니 부끄럽습니다. 또한 신은 이극기를 대신하여 겸성균관동지兼成均館同知가 되었습니다. 이극기는 유생들을 가르쳐 훌륭한 공적이 자못 많았는데, 신은 오로지 교회를 일삼지 못하고 있습니다. 청컨대 본직을 해임시키고 항상 성균관에 근무하게 하소서" 하여 윤허를 받았다.
>
> 『성종실록』, 성종 16년 7월 17일

사퇴의 이유가 절절하다. 사실, 김종직은 탁월한 능력에도 불구하고 함양군수 · 선산부사와 모친상 등으로 12년 동안 지방에서 지내야했다. 성종이 뒤늦게 서울로 불러올렸지만, 현달하지 못한 가문의 지방 출신인 김종직으로서는 얽히고설킨 훈구대신들의 복잡하고도 은밀한 인적 네트워크를 속속들이 알기 어려웠다. 오랫동안 외직으로 전전하여 조정 신하의 면면을 잘 모른다는 것은 결코 변명만이 아니었다. 설사 제대로 알고 있었다 하더라도 제자들의 바람대로 과감하게 처단할 수 있는 상황이 아니었다. 나라 고치려는 일은 너무 성급한 계책이라며 만류했던 제자 김굉필의 정세판단이 결코 그르지 않았던 것이다.

하지만 김종직은 정국의 상황이 불리하다고 물러나는 것을 능사로 여겼던 인물이 아니다. 하나의 일화가 있다. 안우安遇는 김종직이 모친의 삼년상을 치르던 내내 곁을 지키며 배운 제자이다. 김종직이 그에게 거는 기대는 남달랐다. 하지만 안우는 벼슬을 하려 하지 않았다. 당대 현실은 벼슬하기에 적당하지 않은 때라고 여겨 김굉필처럼 은거하고자 했던 것이다. 결국, 안우는 김종직과 다른 길을 걷게 되면서 스승과의 사이가 나빠졌다. 남효온이 「사우명행록」에서 밝힌 내용이다. 여기에서도 보듯, 김종직은 세상에 나가 세상을 바로잡는 것이 유자儒者의 도리라 굳게 믿었다. 그것은 함양군수 시절부터 꾸준하게 견지하며 젊은 제자를 가르쳐 온 교육의 목적이기도 했다. 유교문명을 밝게 빛내기 위해서는 정치 참여를 회피해서는 안 되는 일이었다.

하지만 김굉필의 판단은 달랐다. 남효온은 김굉필을 "세상이 만회될 수 없고 도가 행해질 수 없음을 알고서 빛을 감추고 자취를 숨겼다"라고 평가하고 있다. 당대 현실을 매우 비관적으로 보면서, 정치에 나서서는 안 될 만큼 혼탁한 세상이라 인식했던 것이다. 스승 김종직과 제자 김굉필은 문장과 도학의 길로 나뉘어 사제관계가 틀어진 것이 아니라 당대를 바라보는 정세진단과 그에 따른 출처관이 날카롭게 맞섰던 것이다. 그리고 그건 그만큼 그들의 사제관계가 건강했다는 반증이기도 하다. 그들은 스승이라고 해서 권위적으로 제자를 억누르지 않았고, 제자라고 해서 무조건적으로 스승에게 순응하지 않았다. 스승과 제자 사이에도 날카롭게 논쟁을 주고받을 수 있던 사제관계, 그것이야말로 성종 대 젊은 지성계의 한 단면을 단적으로 보여준다.

물론 스승 김종직의 판단을 믿고 지지하는 제자 또한 많았다. 남효온과 김일손이 바로 그들이다.

덕우는 곤장을 맞아 온전한 살점 없고
효백은 양식이 다 떨어져 목숨 위태롭네.
점필재 선생은 비록 뜻 얻었다고 하지만
참판에서 첨지 벼슬로 물러나 있다네.
德優杖下無完肉　孝伯糧化身命危
佔畢先生雖得志　自從參判到僉知

유하혜 같은 성인도 하급 관료로 몸 숨겼다가
기분 좋게 관복 입고서 밝은 조정에 섰었다네.
더러운 세상과 어울렸다고 사람들 의심하지만
동주東周로 만들려는 뜻 가졌음 누가 알겠는가.
柳下聖人隱下僚　油油烏帽立明朝
群兒疑是同塵汚　誰識東周意未消

『추강집』, 「스스로 읊다」(自詠) 15수

남효온이 성종 16년(1485) 겨울, 한 해 동안 겪은 쓰라린 일을 적어 나간 15수의 시들 가운데 두 수이다. 첫 번째 시는 김종직이 현재 조정에서 어떤 상황에 처해 있는가를 환기시켜 주고 있다. 한명회의 가신家臣으로 일컬어지던 김지金漬를 만경현감萬頃縣令에 임명했다는 이유로 사헌부의 탄핵을 받고, 그로부터 보름이 지난 7월 17일 마침내 종2품의 동지중추부사同知中樞府事로 물러나고, 다시 9월 29일 정3품의 첨지중추부사僉知中樞府事로까지 밀려 내려갔다. 남효온이 보기에 덕우와 효백 같은 벗들이 겪고 있는 모진 고문과 극한 궁핍도 안타깝기 그지없지만, 이조참판이라는 요직에서 중추부사라는 한직으로 밀려난 스승의 처지도 안타깝기는 마찬가지였다. 훈구공신들이 장악하고 있는 중앙정계에서 김종직이 어떤 상황에 놓였는가를 깊이 헤아리고 있었던 것이다.

두 번째 시는 여기에서 한 걸음 더 나아간다. 그런 열악한 정치상황 속에서도 벼슬길을 마다하지 않고 있는 스승을 변호하기 위해 유하혜柳下惠를 끌어들이고 있다. 춘추시대 사사士師로 있던 유하혜는 세 번씩이나 쫓겨났지만 끝내 벼슬을 버리고 숨어들지 않았다. 유하혜가 구차하게 보일 법한 처신을 그토록 마다하지 않았던 것은 자기 한 몸의 영예를 위해서가 아니라 노나라를 동주東周와 같이 만들어 보겠다는 신념이 확고했기 때문이다. 물론 벼슬에 연연한다는 의심도 받았다. 하지만 그 자신은 "도를 곧게

하여 사람을 섬기면 어디 간들 쫓겨나지 않겠으며, 도를 굽혀 사람을 섬기려면 부모의 나라를 떠날 필요가 있겠는가?”[30]라고 굳게 믿었다. 그리하여 공자로부터 깊은 칭송을 받았던 것이다. 스승 김종직이 훈구대신들에 의해 장악된 조정에 나아가 버티고 있는 까닭 또한 조선을 더 나은 유교문명 국가로 만들어 보려는 꿈이 있었기 때문이다, 라고 남효온은 이해했다.

또 다른 제자 김일손도 그 이듬해인 성종 17년(1486), 무려 여섯 수의 시를 지어 보내며 스승의 깊은 마음을 헤아리지 못하는 김굉필을 나무랐다. “여름 하루살이가 어찌 찬 얼음을 말하랴”(夏蟲那可語寒氷)로 시작되는 이들 작품 가운데 두 수만 보기로 하자.

사람이 세상을 살아감에 얼음 위를 걷듯 경계해야 하니
쓰이면 행하고 버려지면 숨는 것 잘한 이 드물다네.
설령 그윽한 난초를 다북쑥과 뒤섞어 놓는다고 한들
아름다운 향기가 어찌 나쁜 냄새에 더럽혀지겠는가.
人於處世戒淵氷　用舍行藏久鮮能
縱使幽蘭蓬艾混　芳香肯被臭蕕乘

쪽빛은 푸른색에서 나왔고 물은 얼음에서 나왔거니
말을 함에 다른 사람 흠 찾는 걸 능하다 하지 말라.
맑은 백이와 화합한 유하혜는 모두 먼저 깨달은 사람들

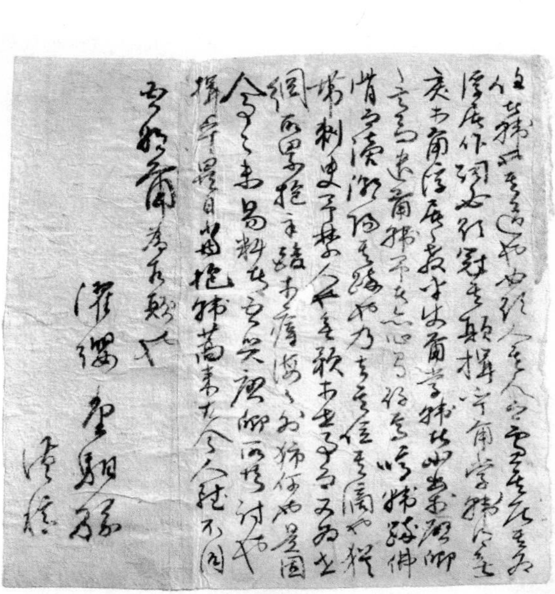

탁영 김일손의 친필

나아가고 물러나는 중간에서 때에 따라 선택해야 한다네.

藍出其青水出氷　　立言休道覓吹能

清夷和惠俱先覺　　進退中間時各乘

『탁영집』, 「김굉필이 점필재 선생에게 올린 시에 차운하다」

(次金大猷[宏弼]上畢齋先生韻) 6수

김일손이 김굉필에게 말하고자 했던 바는 분명하다. 스승 김종직의 견결한 자세는 훈구대신의 악취로부터 결코 더럽게 물들지 않을 것이고, 나아가고 물러나는 것 가운데 어느 하나만을 절대적으로 옳다고 단정하지 말라는 것이다. 스승 김종직에 대한 절대적인 신뢰와 함께 스승의 깊은 뜻을 헤아리지 못하는 사우 김굉필에 대한 충고가 절절하다. 스승 김종직의 정치적 행로를 둘러싼 이런 논란으로 말미암아 비판했던 김굉필 · 홍유손 쪽과 지지했던 남효온 · 김일손 쪽 사이에 불편한 기류가 흐르기도 했을 법하다.

하지만 그들은 그렇지 않았다. 남효온은 여전히 김굉필을 가장 존중하는 사우로 간직했다. 논란을 벌이고 난 이듬해인 성종 17년(1485), 남효온은 후배들과 강학을 하고 있던 김굉필의 은거지를 이심원과 함께 직접 방문했다. 김굉필이 임종을 앞둔 남효온에게 병문안을 찾아왔을 때 남효온이 돌아누워 버렸다는 일화가 전하기도 하지만, 그것은 평생 홀로 전국을 떠돌아다녀야 했던 절대적인 외로움이 그런 방식으로 표출되었을 따름이다. 뿐만 아니다. 김일손은 성종 21년(1490) 김굉필과 함께 아무 일 없었다는 듯이 가야산을 유람했다. 스승 김종직을 중심으로 맺어진 그들의 돈돈한 사우관계는 변함이 없었던 것이다. 김종직과의 사제관계 또한 변함이 없었다. 성종 20년(1489) 10월, 김굉필은 정여창과 함께 밀양에 찾아가서 '갈라섰다던' 스승 김종직과 경사經史를 강론하며 지냈다. 이렇게 제자가 스승에게 진정 어린 비판을 할 수 있고, 제자들끼리 서로 다른 견해를 허심탄회하게 주고받을 수 있었다는 것은 부러운 일이다. 이것이야말로 김종직을 중심으로 한 젊은 제자 그룹의 활기찬 사제-사우관계의 진면목이기 때문이다. 성종 대의 그들은 그렇게 젊고 뜨거웠다.

4. 스승의 만년,
그를 기리던 제자들의 경외

성종 22년(1491) 봄, 김종직은 생의 마지막을 준비하고 있었다. 밀양으로의 낙향을 결심한 것이다. 29세 때 관료로 첫발을 들여 놓은 이래 32년 동안 훈구공신들이 틀어쥐고 있는 중앙정계의 틈바구니에서 숱한 영욕의 순간을 맛보기도 했었다. 하지만 굴곡진 관직생활 가운데 가장 보람 있는 일은, 젊은 제자들과 학문을 강론하며 새로운 세상을 그려가는 것이었다. 실제로 그는 언제 어디서든, 또는 어떤 직책을 맡고 있든 잠시도 후진교육을 멈춰본 적이 없었다. 점필佔畢이라는 자신의 호가 담고 있는 뜻처럼, 경전의 의미를 전수하는 경사經師의 길을 인생 최고의 목표로 삼아왔던 것이다.

하지만 정2품의 형조판서를 사직하고 고향으로 물러가는 61세의 병든 김종직은 가장 영예로워야 할 그 순간, 아마도 가장 힘들었을 시간을 견뎌 내야 했다. 당시 홍문관박사로 있던 제자 김일손은, 너무 가난하여 가마를 메고 갈 종도 하나 없는 스승 김종직의 처지가 너무나 안쓰러웠다. 그리하여 성종에게 이런 처지를 아뢰어 교자꾼을 딸려 보내 드릴 수 있었다. 하지만 사헌부에서는 그것조차 용납하지 않았다. 김일손이 공론을 빙자하여 자신의 사사로운 은혜를 갚은 것이니, 의금부에 넘겨 국문해야 한다며 탄핵하고 나섰다. 결국 김일손의 좌천으로 사태는 종결되었지만, 그런 제자 소식을 전해 들었을 김종직으로서는 참으로 씁쓸했을 터다. 하지만 그것으로 끝이 나지 않았다. 다음으로 그들은 사직서를 내고 고향에 내려가 있으면서도 녹봉을 계속 지급받고 있다는 것을 문제 삼았다. 처음에는 대간들이 나섰다가 나중에는 대사헌과 대사간까지 직접 나서서 합세하는 소동을 벌였다. 결국 성종은 복귀하기를 기대하며 미뤄두었던 김종직의 사직서를 받아들이고, 녹봉 지급도 중단시키지 않을 수 없었다.

이처럼 김종직은 서울을 떠나 고향 밀양으로 내려와 죽음을 기다리던 마지막 순간까지 시비에 시달려야 했다. 훈구공신들의 시기와 질투는 참으로 집요했던 것이다. 스승 김종직이 이런 곤욕을 치르고 있을 무렵, 젊은 시절 소릉복위의 상소를 올렸다가 광생狂生 취급을 받았던 남효온은 호남지역을 전전하고 있었다.

호남은 2년 전, 전라도관찰사로 내려와 있던 스승 김종직과 나주에서 수세守歲를 함께했던 추억이 서린 곳이기도 했다. 전남 장흥으로 내려가던 남효온은 담양향교에 잠시 들렀다가 그곳에서 스승 김종직의 자취를 만나게 된다. 지역사회의 교화에 남다른 열의를 보였던 김종직은, 전라도관찰사 시절 담양지역의 교육진흥을 위해 담양향교에 보자(寶上)를 조성해 놓고 갔던 것이다. '보자'란 특별한 목적의 사업을 위해 기금을 마련하고, 이를 백성에게 빌려주어 이자를 받아 운영하는 제도를 가리킨다. 일종의 담양향교 운영기금이다.

담양향교의 교관 김빈金濱은 남효온과는 죽마고우이기도 했거니와 남효온이 김종직의 제자라는 이유로 그에게 담양향교 보자의 설립을 기념하는 기문을 부탁했다. 남효온은 그 글에서 스승 김종직을 이렇게 기렸다.

> 김공은 호가 점필재이고, 문장과 도덕이 이 시대 사대부의 영수領首이다. 조정에 일이 있으면 공에게 자문하고 학자에게 의문이 있으면 공에게 질문하니, 이른바 백성은 부모가 있고 나라에는 시귀蓍龜가 있다는 것이다. 내가 스승으로 섬긴 지 몇 해가 되었고, 공 또한 나를 받아들이고 예우하여 으레 문하의 선비로 보았기 때문에 나를 알아줌이 더욱 깊었다.
>
> 『추강집』, 「담양향교보자기」(潭陽鄕校寶上記)

김굉필과 같은 일부 제자들은 김종직이 이조참판으로 있을 때 잠시 실망하기도 했지만, 남효온은 김종직을 그때도 지지했고 지금도 "문장과 도덕으로 이 시대 사대부의 영수"라고 믿어 의심치 않았다. 백성에게 모두 부모가 있는 것처럼, 김종직은 나라의 시귀蓍龜라 여겼던 것이다. '시귀'란 점을 칠 때 쓰는 시초蓍草와 거북껍질을 가리키는데, 그처럼 절대적으로 믿고 의지할 수 있는 국가 원로를 비유할 때 쓰는 표현이다. 한 인물에게 이보다 높은 경외의 표현은 찾기 어렵다. 김종직은 남효온에게 있어 영원한 시대의 스승이었던 것이다.

그럴 즈음, 스승 김종직이 회복하기 어려울 정도로 병이 깊어져 밀양으로 낙향했다는 소식이 전해져 왔다. 게다가 낙향할 때 교자꾼을 사사롭게 이용했다는 둥 사직서를 내고도 밀양에서 녹봉을 받고 있다는 둥 조정의 시비로 시끄럽다는 소식도 들려왔다. 제자 남효온은 만년까지도 마음 편히 지내지 못하고 있을 스승의 안쓰러운 모습이 떠올랐고, 그래서 밀양으로 달려왔다. 김종직과 남효온은 공교롭게도 성종 23년(1492) 같은 해에 죽었으니, 그들이 죽기 1년 전의 마지막 만남이었다. 만남의 장소는 영남루였다.

시루봉 도사께서 푸른 소에서 내리시니	甑峰道士下青牛
자부紫府의 신선들 의관 갖추고 운집했네.	紫府仙曹冠佩稠

천 년에 한 사람은 점필재 김 선생이요 千載一人金佔畢
백 년의 명승지로는 밀양의 영남루라네. 百年勝地嶺南樓
물결 부딪는 성 뿌리엔 찬 못이 수려하고 城根浪打寒潭秀
서리 깊은 모래언덕엔 밤 잎이 가을이네. 沙岸霜深栗葉秋
풍악소리 울리니 먹은 귀가 밝아 오지만 聾耳漸明歌管發
타향에서 듣는 음악이라 근심만 가득하네. 他鄉聽樂摠堪愁

『추강집』, 「밀양 영남루에서 점필재를 배알하다」(密陽嶺南樓, 謁佔畢齋)

서두는 스승 김종직이 밀양으로 내려오자 수많은 선비들이 모였다는 것으로 시작했다. 청우青牛도 자부紫府도 모두 신선의 경지에 든 스승과 사방에서 모여든 제자들이 운집한 광경을 꾸며주는 수식이다. 남효온은 많은 제자에 둘러싸여 앉아 있는 김종직을 바라보다가, 문득 노스승의 모습이 우뚝 솟은 영남루와 닮았다는 느낌이 들었다. 영남루가 백 년 최고의 명승이듯, 김종직은 천 년 최고의 인물로 다가왔던 것이다. 이미 담양향교에서도 나라의 시귀蓍龜라 일컬었던 바 있었던 것처럼. 남효온만 그랬던 것일까? 김일손도 마찬가지 마음이었을 것이다. 늙고 병들어 낙향하는 가난한 스승을 가마에 태워 보내드리고 싶었고, 굴곡진 관료생활의 마지막만큼은 조금이라도 영예롭게 해드리고 싶었던 제자 김일손의 진정. 그것이 비록 훈구대신들이 내세운 논리처럼 임금의 은혜를 빌려 사사로운 은혜를 갚으려는 것일지 몰라도, 성장한 제자들은 어렸던 자신을 바른 길로 이끌어 준 스승을 그렇게라도 예우하고 싶었던 것이다.

남효온이 영남루를 찾아와 스승 김종직에게 "천 년의 한 사람"이라며 경외를 표할 즈음, 정여창鄭汝昌도 김일손과 함께 지리산 유람을 마치고 나서 김종직을 찾아뵈러 왔다. 김굉필도 부친의 삼년상을 치르느라 고향 현풍에 내려와 있다가 밀양으로 찾아왔다. 그리하여 김굉필·정여창은 김종직을 모시고 지난 어린 시절처럼 경사經史를 강론하며 노스승의 마지막 가르침을 받았다. 그때의 모습을 보여 주는 간찰 한 통이 김종직의 제자였던 사미정四美亭 박형달朴亨達의 후손 집안에 지금도 소장되어 있다.

상사 박형달에게 보낸 편지 사본. 김종직의 후손이 박형달 종가에 소장되어 오던 원본을 복사해서 점필재종택의 사랑에다 걸어 둔 것이다.

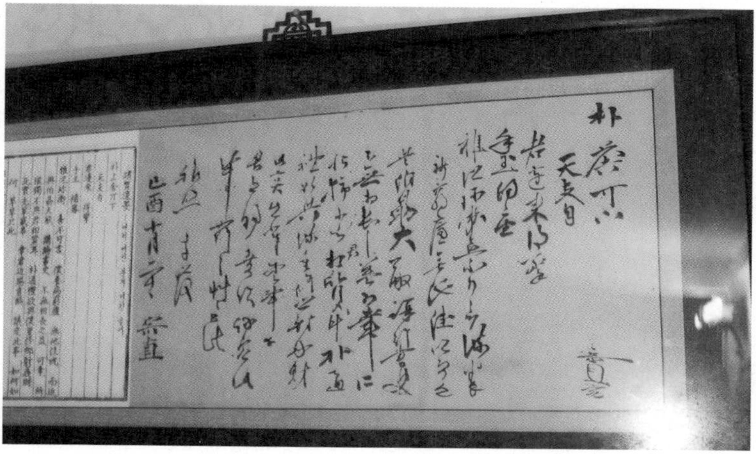

천지天支(박한주)가 그대(박형달)가 있는 곳에서 다녀와서 보낸 편지를 받아 보았네. 그대가 별고 없이 잘 지내고 있다고 하니 말할 수 없이 기쁘네. 나는 고향집에서 병을 조리하고 지내고 있네. 별다른 좋은 일은 없지만, 요즘 백욱伯勗(정여창)·대유大猷(김굉필)와 경사經史를 강론하면서 서로 도움이 되는 바가 많으니 그나마 다행이네. 다만 한스러운 것은 그대도 함께 강론하지 못하는 것이네. 박통례朴通禮(박문손)가 나와 밀양의 향사의재鄕社義財를 중수重修하려고 하네. 이것은 진실로 선배들이 별러왔던 성사盛事이니, 바라건대 그대가 가까운 시일 안에 와서 이 일을 의논해 결정해 주었으면 하네. 어떻게 생각하는가? 서둘러서 이만 그치니 살펴 주게. 삼가 답장을 보내네. 기유년(1489) 10월 20일 종직宗直.

박형달朴亨達 후손 소장 간찰

스승 김종직이 고향 밀양으로 낙향했다는 소식을 들은 동향同鄕의 제자 박한주朴漢柱는 영안도평사永安道評事로 있다가 서울을 거쳐 먼 길을 내려왔던 모양이다. 그리고 찾아뵙지 못하는 상사上舍 박형달朴亨達의 편지를 대신 가지고 와서 전했다. 박형달은 정여창의 「사우문인록」에도 이름을 올리고 있는 인물인데, 상사라 일컫는 것으로 보면 그때 성균관에서 과거공부를 하고 있었던 듯하다. 김종직은 그런 제자에게 정성스레 답장을 보내고 있는 것이다. 그런데 거기에서 김종직이 밀양에서 머물며 지냈던 만년의 근황을 엿볼 수 있다. 언제나 그러했던 것처럼, 김종직은 죽기 직전까지 제자들과 학문을 강론하며 지냈다. 또한 평생 유향소留鄕所의 복립을 위해 노력했던 것처럼, 고향 밀양의 풍속을 바로잡는 자치단체를 조직할 운영기금 마련에 앞장서고 있었던 것이다.

이러한 후진교육과 지역교화는 김종직이 함양군수 시절부터 가장 중요한 시대적 과제로 설정했던 것인바, 죽음의 직전까지 그 둘을 놓지 않고 있었다. 참으로 한결같은 삶이라 할 수 있다. 더욱이 우리는 여기에서 김종직과 김굉필의 사제관계가 만년까지도 어그러지지 않았음을 분명하게 확인할 수 있다. 함양군수 시절에 만나 처음 가르쳤던 김굉필과 정여창은 낙향시절에도 병든 스승을 찾아와 그때처럼 가르침을 받고 있는 것이다. 김굉필로서는 함양에서 첫 가르침을 받을 때의 감회가 북받쳐 오르기도 했겠지만, 평생 벼슬살이하느라 병들고 지친 몸을 이끌고 고향에 내려와 있는 스승의 모습이 안쓰럽기도 했을 것이다. 그런 까닭에 스승을 찾아 뵙고 돌아가는 발걸음이 가볍지만은 않았을 터, 길가에 선 노송을 보고 문득 노스승의 모습을 떠올렸다. 그리고는 시 한 수를 읊었다. 김굉필의 절창으로 널리 알려진 「길가의 소나무」(路傍松)는 그렇게 해서 지어진 작품이다.

한 그루 노송 길가의 먼지 뒤집어쓴 채
수고로이 오고가는 나그네 보내고 맞네.
추운 계절이 될 때 너와 같은 심사를 가진 사람
지나가는 사람들 가운데 몇이나 보았는가.
一老蒼髯任路塵　勞勞迎送往來賓
歲寒與汝同心事　經過人中見幾人

『경현록』, 김굉필의 「길가의 소나무」(路傍松)

이황은 이 작품에 대해 "이 시는 정말 의미가 있으니, 참으로 덕 있는 사람의 말임에 틀림없다"[31]라며 극찬했다. 그리고 노송은 흔히 김굉필 자신의 굳센 지조를 빗댄 것으로 이해되고 있다. 하지만 제목 아래 달려 있는 주석, 곧 "노송은 밀양에 있다"(老松, 在密陽)라는 구절에 주목할 필요가 있다. 김종직을 노송에 빗대어 읊은 작품으로 보아야 할 결정적 단서를 제공하고 있기 때문이다. 밀양 길가에 있는 노송이란 바로 김종직의 기품을 가리키는 것이었다.

하지만 속뜻이 예사롭지 않다. 깊은 심산궁곡에 있어야 할 이 노송은 사람들이 오가는 길가에 서있는 것이다. 무슨 말을 하고 싶었던 것일까? 김굉필은 길가에 먼지를 뒤집어쓴 채 서 있는 노송, 그럼에도 불구하고 자신의 절개를 조금도 꺾지 않고 있는 그 성성함을 보았다. 하지만 지나쳐간 숱한 사람들 가운데 끝까지 함께할 만한 미더운 동지를 만날 수 없었던, 그 외로움도 보았다. 길가의 노송에서 평생을 굴곡진 관료생활로 보낸 뒤 고향으로 낙향한 노스승의 쓸쓸한 만년이 제자 김굉필의 눈에는 너무도 안쓰럽게 보였던 것이다.

그러다가 문득 다북쑥만 우거진 정치판에 나갔다가는 난초의 향기를 잃을지도 모른다는 시를 지어 바치며 스승의 정계복귀를 만류했던 젊은 시절이 떠올랐을지도 모른다. 그래서 스승의 늙고 지친 모습이 더욱 안타까웠으리라. 하지만 먼지를 뒤집어쓰고도 우뚝 서 있는 노송의 절개는 여전했고, 그것은 단지 김종직만의 모습이 아니었다. 지금 그 자리를 이어받고 있는 자기 자신의 모습이기도 했던 것이다. 그때, 스승 김종직이 "우리의 도는 본래 굴곡이 많다"라고 타이르던 말에 제자 김굉필의 가슴은 몹시도 저려 왔을 터이다. 그렇게 김종직과 김굉필은 죽기 직전까지 가장 미더운 사제지간이자 같은 길을 걷고 있는 시대의 동지였던 것이다.

주

24) 『점필재집』, 시집, 권13, 「李生員承彦 · 元參奉槩 · 李生員鐵均 · 郭進士承華 · 周秀才允昌 · 金秀才宏弼 , 會府之鄕校, 討論墳典, 就門下, 與病夫問辨數月矣. 八月中, 主上將視學取士. 諸君治任告辭, 送之以詩」.

25) 성종 11년(1480) 8월 15일 성균관 유생들의 이칙李則 유임 요청 상소, 같은 해 같은 날 서학西學 유생들의 이희철李希哲 유임 요청 상소, 성종 12년(1481) 2월 23일 중학中學 유생들의 김직손金直孫 유임 요청 상소, 2월 26일 남학南學 유생들의 조중휘趙仲輝 유임 요청 상소 등이 그런 사례이다.

26) 남효온, 『추강집』, 「사우명행록」, "우선언禹善言은 처음의 자가 덕보德父이고, 호가 풍애楓崖이다. 단성군丹城君 우공禹貢의 아들로, 사람됨이 기개가 드높았다. 신축년(1481, 성종 12)에 남쪽으로 영남에 가서 점필재 선생을 여막에서 뵈니, 선생이 자용子容이라는 자를 지어 주었다."

27) 남효온의 「지리산일과智異山日課」와 이원李黿의 「유금강록遊金剛錄」에서 홍유손과 양준이 지리산과 금강산을 떠돌아다니던 모습을 확인할 수 있다.

28) 『성종실록』, 성종 15년 8월 6일.

29) 『성종실록』, 성종 15년 8월 16일.

30) 『論語』, 「微子」, "柳下惠爲士師, 三黜. 人曰, 子未可以去乎? 曰, 直道而事人, 焉往而不三黜? 枉道而事人, 何必去父母之邦?"

31) 李滉, 「答金惇敍書略」, 『경현록』, 91면.

제5장 에필로그

죽음 또는 부활의 현장, 처음처럼 다시 모인 스승과 제자들

김종직이 죽은 지 6년 뒤, 연산군 4년(1498) 살기殺氣가 난무하는 살벌한 시대가 들이닥쳤다. 무오사화의 피비린내가 조정을 진동했다. 수많은 김종직의 제자들은 이러저런 이유로 모진 고문과 죽음의 문턱에 서야 했다. 김일손·권오복·권경유는 스승의 충분을 드러내기 위해 김종직의 「조의제문」을 사초에 실었다는 이유로, 이원과 같은 제자는 김종직에게 문충文忠이라는 실상보다 넘치는 시호를 올렸다는 이유로, 표연말 같은 제자는 김종직의 행장을 썼다는 이유로, 정석견은 김종직의 문집을 간행했다는 이유로, 그리고 김굉필·정여창과 같은 더 많은 제자들은 단지 김종직에게 배웠다는 이유만으로 형장으로 끌려나왔던 것이다.

그리하여 어떤 제자는 능지처사를 당하고, 어떤 제자는 참수를 당하고, 어떤 제자는 모진 곤장을 맞고 변방으로 유배 보내졌다. 그리고 그들의 스승 김종직은 부관참시剖棺斬屍에 처해졌다. 살아서는 그토록 헐뜯고 폄훼하더니, 죽어서는 기어코 차마 못할 형벌을 빌려 미진함을 풀었던 것이다. 유자광·이극돈·윤필상 등이 바로 그 주역들이다. 김종직의 행장을 썼다는 말도 안 되는 이유로 모진 고문을 받던 표연말은 그들에게 스승의 행장을 쓰게 된 이유를 이렇게 밝혔다.

신은 종직의 행장을 지으면서 쓰기를 "공의 도덕과 문장은 진실로 높은 관직에 등용되어 사업에 베풀었어야 할 것인데, 어버이를 위해 외직을 자원해서 오랫동안 낮은 관료에 머물러 있었다. 늦게나마 임금의 알아줌을 입어 빠르게 재상으로 승진되어 크게 쓰일 즈음, 공의 병은 이미 어찌할 수 없는 지경에 이르렀다. 그리하여 두 번 다시 조정에 오르지 못하였으니, 어찌 우리 도의 불행이 아니겠는가! 어떤 사람들은 '공이 조정에 있은 것이 오래되지 않아 큰 의논을 세우지 못하고 큰 정책을 진술하지도 못했다' 라고 한다. 하지만 세상의 사문斯文이라는 중망을 짊어지고 사도師道로 자처하여 인재를 육성하는 데 있어서는 근세에 이분 한 사람이 있을 따름이다" 라고 했습니다.

『연산군일기』, 연산군 4년 7월 18일

표연말은 김종직이 함양군수로 있을 때 배웠던 초기 제자이다. 그는 뛰어난 도덕과 문장에도 불구하고 지방관으로 전전하는 스승이 안쓰럽기 그지없었다. 하지만 젊은 제자들은 알고 있었다. 김종직은 사문斯文의 중망을 짊어지고 사도師道를 자처하며 자신들을 올바른 삶과 새로운 학문세계로 이끌어주었던 당대 유일한 '시대의 스승' 이었다는 사실을. 김종직 사후, 제자 이원李黿이 '문충文忠' 이란 시호를 올리면서 "마음을 바르게 하는 학문(正心之學)을 제창하고 후진을 인도해 주며 바른 마음을 근본으로 삼

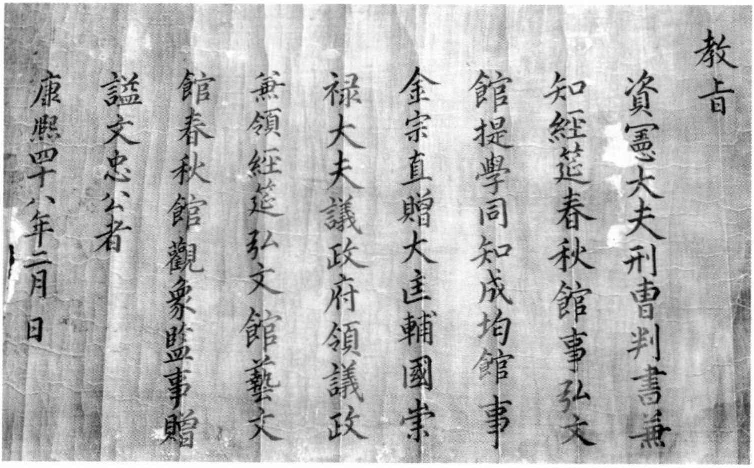
教旨
資憲大夫刑曹判書兼
知經筵春秋館事弘文
館提學同知成均館事
金宗直贈大匡輔國崇
祿大夫議政府領議政
兼領經筵弘文館藝文
館春秋館觀象監事贈
諡文忠公者
康熙四十八年二月 日

문충공 복시 교지. 처음의 '문충文忠'이란 시호가 논란 끝에 '문간文簡'으로 고쳐졌다가 숙종 35년(1709)에 다시 원래대로 회복되었다.

도록 했습니다. 유학의 도를 자기 임무로 삼고 유학의 문을 흥기하는 것을 자기의 책임으로 삼았으니, 그 공적은 탁월한 공명사업을 이룬 자보다 뛰어났습니다"[32]라고 밝혔던 것과 동일한 이유이다. 그들은 한 마음으로 김종직을 마음에 품고 있었던 것이다.

제자들의 이같은 존중과 경외는 겉만 번지르르한 의례적인 찬사가 아니었다. 많은 제자들이 자신의 생을 걸고 스승의 가르침을 따랐다. 뒷날, 김종직의 도학을 이어받아 동방오현東方五賢의 수현首賢으로 추앙받게 된 김굉필은 그 대표적 제자이다. 20대 초반에 김굉필이 김종직에게 도학의 길을 배워, 그 길을 심화·

계승했다는 것은 뒷사람에 의해 재구된 가상의 도통道統이 아니라 당대에 이미 받아들여지던 확고한 공론公論이었다. 성종 말년 김굉필이 낙향할 때, 안타까운 마음으로 전송했던 이현손李賢孫은 우리나라 도학의 계보를 이렇게 술회하고 있었다.

청구는 문헌의 나라
예로부터 문사가 많았네.
글 다듬는 재주를 다투어 팔았지만
지극한 이치를 찾는 이 없었네.
대도大道가 끝내 민몰치 않아
부자夫子(김종직)께서 남방에 나셨네.
용문에서 도학을 창도하매
좇는 자 서로 이어 일어났으나
중간에 각기 흩어져서
이욕에 빠져 스스로 헐기가 일쑤였다네.
소자(이현손)는 그 중에도 가장 거친 자질이라
위아래로 둘러보아도 부끄러운 것 많네.
태산처럼 높고 우뚝하게 솟았더니
이제 우러러보는 자 의지할 곳 잃었네.
세월이 문득 덧없이 흘러
그럭저럭 몇 해나 지내 왔다네.

성광자醒狂子(이심원)는 골짜기에서 늙어 가고 있고
추강秋江(남효온)은 이미 죽은 지 오래라네.
이제 다시 선생(김굉필)마저 가고 마시니
소자가 끝내 누구를 의지하리까.
멀고 아득한 비슬산은
여기에서 거리가 몇 천 리던가.
이별을 앞두고 다시 무슨 말씀 드릴까
눈물이 흘러내려 멈출 수가 없네.
青丘文獻邦　古來多文士
雕蟲競自售　未有尋至理
大道終不泯　夫子生南紀
龍門倡道學　從者相繼起
中間各分散　利欲甘自毁
小子最鹵莽　俯仰多所恥
泰山高崒嵂　仰者失所企
歲月忽蹉跎　荏苒流光駛
醒狂老丘壑　秋江長已矣
先生今又去　小子竟何倚
蒼茫琵瑟山　相去幾千里
臨離復何言　泪下不能止

이현손, 「김선생이 모친을 모시고 현풍으로 돌아가는 것을 전송하며」
(奉送金先生大猷奉大夫人歸玄風)

이현손은 예로부터 우리나라에 문사는 많았지만, 지극한 이치를 탐구하는 도학은 김종직에 의해 비로소 창도되었음을 명확하게 밝히고 있다. 처음에는 그 길을 따르려는 많은 제자들이 문하로 모여들었다. 하지만 점점 흩어져 갔다. 성종의 시대는 도학이 아직 낯설고 위험한 학문으로 여겨졌기 때문이다. 실제로 성종 대에 훈구대신들은 소학계小學契의 멤버들을 붕당朋黨의 죄로 몰아 국문해야 한다고 핏발을 세웠는가 하면, 정여창은 『소학』을 강론하고 있는 김굉필을 위험한 일이라며 만류했을 정도였다. 그리고 그런 위험함은 연산군 대로부터 중종 대에 이르기까지 세 차례의 사화를 통해 참혹한 현실로 입증되었다. 도학을 실천하려던 젊은 선비들은 형장의 이슬로 사라지고, 그 기본서인 『소학』은 금서禁書로 간주되어 가능한 한 멀리해야 했던 것이다.

그처럼 위험한 시대에도 도학의 맥을 잇고자 했던 제자들은 그래서 새롭게 기억해야 한다. 이심원, 남효온, 김굉필이 바로 그들이다. 하지만 대가는 혹독했다. 남효온은 좌절된 꿈을 안고 전국을 방랑하다 죽어 갔고, 이심원은 세상에서 버려져 초야에 묻혀 지내야 했으며, 김굉필도 위태로운 시절을 피해서 낙향해야 했다. 김종직이 창도한 도학은 그토록 아슬아슬하게 이어지고 위태위태하게 버텨가고 있었던 것이다. 그럼에도 불구하고 김종직은 젊은 제자들에게 자신들을 바른 학문의 길로 인도한 '시대의 스승'으로 여전히 기억되고 있었다. 절친했던 벗 홍귀달도 김종직이 보여 준 스승으로서의 삶을 이렇게 간추렸다.

> 평상시에는 사람을 접대하는 데 있어 온통 화기和氣뿐이었으나, 의리가 아닌 것이면 단 하나도 남에게서 취하지 않았다. 오직 경사經史를 탐독하여 늘그막에 이르러서도 게으를 줄을 몰랐으므로, 얻은 것이 호박浩博하였다. 그리하여 사방의 학자들이 각각 그 그릇의 크고 작음에 따라 마음에 만족하게 얻어 돌아갔는데, 한 번 공의 품제品題를 거치면 문득 훌륭한 선비가 되어서 문학文學으로 세상에 이름을 떨친 자가 태반이나 되었다.
>
> 홍귀달, 「신도비명」

홍귀달이 제시한 하나하나가 모두 김종직의 진면목을 이해하는 데 깊이 음미할 만하다. 그렇지만 그 중에서도 오직 경사經史를 탐독하여 늙도록 조금도 게으르지 않았다는 점, 그리하여 사방에서 젊은 제자들이 찾아와 자기 역량에 맞게 배워 돌아갔다는 점이야말로 진정한 스승의 모습을 보여주는 것으로 기려져야 한다. 정말 그러했다. 어떤 사람은 문장을 배워 갔고, 어떤 사람은 도덕을 배워 갔으며, 어떤 사람은 절의를 배워 갔다. 때론 김굉필처럼 혈기에 넘친 젊은 제자들이 간혹 불만과 의혹을 드러내기도 했지만, 그것은 노스승 김종직의 너른 옷자락에 매달린 어린아이의 치기 어린 투정과 같은 것이었다.

사실 "의리가 아닌 것은 추호도 남에게서 취하지 않았다"고 할 정도의 김종직이 이조참판으로 있으면서 살얼음판 걷듯 그토록 조심조심 발걸음을 내디뎌야 했던 까닭은, 질시의 눈길로 호시탐탐 기회만 엿보던 훈구공신들의 살기 어린 위협을 느꼈기 때문이기도 했다. 실제로 혈기 방장한 젊은 제자들을 어린 자식 다독이듯 타이르던 스승 김종직이 죽은 지 얼마 되지 않아, 스승의 우려는 마침내 참혹한 현실로 들이닥쳤다. 새로운 시대 젊은 선비의 서릿발 같은 비판에 앙앙불락하던 훈구대신들은 '젊은' 연산군을 앞장세워 젊은 그들의 꿈과 희망을 죽음으로 잠재우려 했던 것이다. 연산군과 훈구대신의 광기狂氣는 참으로 끔찍했다.

> [이심원] 전교하기를, "이심원은 형을 집행하여 가산을 몰수하라" 하였다. 승지 권균과 윤순이 형 집행을 감독하고, 백관과 종친으로 하여금 모여 보도록 하였다.…… 왕자군王子君 이하 종친을 모두 불러 전교하기를, "종친들은 녹만 먹으면 되는데, 학문을 알아서 어디에 쓸 것인가? 이심원은 학문을 알아 불초한 사람이 되었기 때문에, 중한 벌에 처하였다. 너희들의 뜻은 어떠한가?" 하니, 모두 아뢰기를, "참형에 처한 것이 지당합니다" 하였다.[33]

> [남효온] 전교하기를, "남효온은 난신亂臣의 예로 부관능지剖

棺凌遲하여 가산을 몰수하고, 그 아들은 참형에 처하여 효수하되, '아비 효온이 소릉昭陵의 복위를 청한 죄' 라고 찌를 써 달라" 하였다.[34]

[김굉필] 전교하기를, "김굉필을 철물 저자에 효수하라" 하였다.…… 왕이 의금부 가낭청假郎廳 김희수 · 정유강을 불러 묻기를, "강백진과 김굉필이 죽음에 다다라 무슨 말을 하였는가?" 하니, 답하기를, "모두 한마디 말도 없이 죽음에 나아갔습니다" 하였다.[35]

앞서 이현손이 김종직이 창도한 도학의 길을 끝까지 따랐다고 증언했던 세 명의 제자 이심원, 남효온, 김굉필의 마지막 모습이다. 연산군의 살기가 눈에 선하다. 죽이는 장면을 백관과 종친들을 모두 불러 보게 하고, 썩어 문드러졌을 시신을 끄집어내어 훼손하는 것도 모자라서 자식마저 연좌하여 목 베고, 저자거리에 목을 잘라 효수하게 했다. 하지만 그들은 한 마디 말도 없이 죽음을 기꺼이 받아들였다. 심지어 문충文忠으로 시호를 올렸다는 이유로 참형을 당한 이원李黿은 죽어가면서 '즐겁다' (樂哉)라 하여 연산군을 노발대발하게 만들었다. 순교殉教는 종교에서만 쓰이는 용어가 아니다. 동방에 유교문명을 꽃피우고자 했던 김종직과 그의 젊은 제자들도 순교의 길을 걸었던 것이다.

연산군 대에 벌어진 무오사화와 갑자사화, 그날의 피비린내 나는 죽음의 자리에는 스승 김종직이 창도한 바른 학문을 보다 견결하게 밀고 나가려던 김굉필 · 정여창과 같은 도학의 제자들도, 스승이 견지했던 바른 시대정신을 시종일관 믿고 따랐던 남효온 · 홍유손과 같은 절의의 제자들도, 스승에게 배운 학문으로 새로운 정치와 문장을 펼쳐 보이려던 김일손 · 조위와 같은 제자들도 모두 한자리에 모였다. 젊은 시절 함양과 선산에서 스승 김종직을 중심으로 옹기종기 둘러앉아 호기심 어린 눈을 반짝이며 문장의 참맛과 도학의 참뜻을 배웠던 그 처음처럼. 죽음도 새로운 시대정신을 갈구하던 그들의 꿈과 열정을 앗아가지 못했다. 오히려 그 경이로운 장면을 목도하거나 전해 들은 후배 세대들은 들불처럼 활활 번져나가면서 더 큰 부활의 꿈을 가슴속에 간직하게 되었다. 16세기 '도학의 시대'는 그렇게 해서 활짝 꽃피울 수 있었던 것이다.

주

32) 『성종실록』, 성종 24년 1월 9일.
33) 『연산군일기』, 연산군 10년 9월 27일과 10월 3일.
34) 『연산군일기』, 연산군 10년 11월 13일.
35) 『연산군일기』, 연산군 10년 10월 7일과 10월 8일.

참고문헌

임정기 역, 『국역 점필재집』 I · II · III, 민족문화추진회, 1999.

김영봉, 『김종직 시문학 연구』, 이회문화사, 2000.
밀양문화원 편, 『김종직의 사상과 문학』, 밀양문화원, 2005.
부산대 점필재연구소 편, 『점필재 김종직과 그의 젊은 제자들』, 지식과교양, 2011.
이종범, 『사림열전』 2, 아침이슬, 2008.
정경주, 『성종조 신진사류의 문학세계』, 법인문화사, 1993.
정성희, 『조선 도학의 분수령: 김종직』, 성균관대출판부, 2009.

한국고전번역원 홈페이지 한국고전DB.

김남이, 「조선 전기 지성사의 관점에서 본 점필재와 그 문인들의 관계」, 『동방학』 23집, 동방학회, 2012.
김용헌, 「도학의 형성, 점필재 김종직과 그의 문생들의 도학사상」, 『한국학논집』 45집, 계명대 한국학연구소, 2011.
김윤조, 「15세기 산문의 양상과 김종직의 고문창도」, 『대동한문학』 34집, 대동한문학회, 2011.
송웅섭, 「김종직 문인 그룹 형성 무대로서의 '서울'」, 『서울학연구』 31집, 서울학연구소, 2008.
이병휴, 「15세기 후반 · 16세기 초의 사회변동과 김종직 및 그 문인의 대응」, 『역사교육논집』 35집, 역사교육학회, 2005.
이종묵, 「15세기 후반 문단의 추이와 점필재 김종직」, 『국문학연구』 12집, 국문학회, 2004.
이종범, 「점필재 김종직의 내면세계와 초기사림파」, 『동양한문학연구』 28집, 동양한문학회, 2009.

정경주,「조선조 禮樂文明과 점필재 김종직의 위상」,『동양한문학연구』 26집, 동양한문학회, 2008.

______,「점필재 김종직의 政敎와 講學의 서정: 함양군수 시기를 중심으로」,『남명학연구』 39집, 남명학연구소, 2013.

정석태,「佔畢齋 金宗直에 대한 退溪 李滉의 評價: 관련 자료의 실증적 검토를 중심으로」,『동양한문학연구』 31집, 동양한문학회, 2010.

정출헌,「성종대 신진사류의 동류의식과 그 분화의 양상」,『민족문학사연구』 50집, 민족문학사학회, 2012.

______,「한훤당 김굉필의 사제-사우관계와 학문세계의 여정」,『민족문화』 45집, 한국고전번역원, 2015.